NOTES

POUR SERVIR À L'HISTOIRE

DES

OFFICIERS DE LA MARINE

ET DE

L'ARMÉE FRANÇAISE

QUI ONT FAIT

LA GUERRE DE L'INDÉPENDANCE AMÉRICAINE

PAR

FAUCHER DE SAINT-MAURICE

ANCIEN CAPITAINE AU 2ᶜ BATAILLON D'AFRIQUE, CHEVALIER DE LA LÉGION
D'HONNEUR, MEMBRE DE LA SOCIÉTÉ MILITAIRE DE FRANCE.
LA " PLUME " ET L' " ÉPÉE "
ANCIEN DÉPUTÉ À L'ASSEMBLÉE LÉGISLATIVE

QUÉBEC
IMPRIMERIE DE L.-J. DEMERS & FRÈRE
30, rue de la Fabrique, 30

1896

NOTES POUR SERVIR

A

L'HISTOIRE DE L'ARMÉE

ET DE

LA MARINE FRANÇAISE

PENDANT

LA GUERRE DE L'INDÉPENDANCE AMÉRICAINE

SCÈNES DE LA VIE EUROPÉENNE ET AMÉRICAINE VERS LA FIN DU SIÈCLE DERNIER

I

I

LE DUC DE LAUZUN

Je ne suis que l'humble compilateur de ce que vous allez lire. Tout de même j'aurai des choses curieuses à vous écrire sous la dictée de deux esprits peu connus de la fin du dernier siècle, Lauzun et Chastellux : puis nous causerons d'autres choses.

Les contemporains assuraient que le duc de Lauzun
était un homme dont on disait beaucoup de bien et
beaucoup de mal.   Les premiers avaient raison. C'était
le plus noble, le plus folichon et le plus honorable
homme du monde.   Il se maria le 4 janvier 1766, à
mademoiselle de Boufflers, " femme, écrit-il, qui ne
m'aimait pas ni qui me convenait ".   Dès lors sa vie
n'en fut plus qu'une d'équipées, d'amour, de jeu, de
courses, de joyeuses aventures.   Il donnait son cœur à
qui voulait le prendre, et sa bourse était ouverte à
toutes les infortunes.   Il avait trente-cinq ans quand il
prit le commandement de la légion.   Très distingué de
manières, il fascinait tout ce qui l'approchait.

Armand Louis de Gontaut, duc de Lauzun, a laissé
des Mémoires.   Ils furent édités à Paris, pour la première fois en 1822, par Barrois, l'aîné, libraire, rue de
Seine, 10, faubourg Saint-Germain. Ils donnèrent lieu à
un procès retentissant.   Lorsque ce livre parut, dit une
revue de l'époque, chacun le condamna ; mais chacun
voulut le lire.   Les prudes privilégiées jetèrent les
hauts cris, mais plus on fit de bruit dans un certain
quartier, plus il eut de vogue dans l'autre... Quoi qu'il
en soit, on doit penser que Lauzun ne destinait pas ses

Mémoires à l'impression.   Longtemps avant, Alfred de Musset, cet intrépide amoureux avait deviné la chanson de Fortunio.

> " Si vous croyez que je vais dire
>   Qui j'ose aimer,
>   Je ne saurais pour un empire
>   Vous la nommer.
>
> " Nous allons chanter à la ronde,
>   Si vous voulez,
>   Que je l'adore et qu'elle est blonde
>   Comme les blés.
>
> " Je fais ce que sa fantaisie
>   Veut m'ordonner,
>   Et je puis, s'il lui faut ma vie,
>   La lui donner.
>
> " Du mal qu'un amour ignorée
>   Nous fait souffrir,
>   J'en porte l'âme déchirée,
>   Jusqu'à mourir.
>
> " Mais j'aime trop pour que je die
>   Qui j'ôse aimer,
>   Et je veux mourir pour ma mie,
>   Sans la nommer ".

L'homme qui pendant un combat, ordonnait que s'il était tué, on le jetât tout habillé à la mer, afin qu'on ne trouvât pas sur lui les lettres et le portrait d'une de ses amies, était incapable de livrer le nom des autres au public, et doit être absous du scandale produit par l'imprimeur d'un ouvrage écrit dans sa jeunesse et qu'une mort aussi imprévue que terrible ne lui a pas laissé le temps de détruire.

Le capitaine de vaisseau Chevalier, dans son *Histoire de la Marine française pendant la Guerre de l'Indépendance,* dit que Lauzun était " beau, actif, dévoué à la cause américaine ". De son côté, dans ses mémoires, Lauzun se montre " successivement galant, joueur, politique, militaire, philosophe et souvent plus d'une chose à la fois ". C'est lui-même qui l'écrit. Tout est mystérieux, insaisissable, romanesque, dans la vie de cet homme que l'armée de l'ennemi connaissait sous le nom de duc de Lauzun, que l'échafaud et la mort ont pris sous le nom de duc de Biron.

Mais commençons cette étude.

L'ingérence de la France dans les affaires de la guerre de l'indépendance américaine débuta le dix septembre 1776, par le contrat suivant signé par la Fayette, et que le capitaine Bayley, du département du Trésor à Washington, a découvert il y a quelques années. Ce document était adressé à Silas Deane, agent commercial du congrès à Paris.

« — Le désir que monsieur le marquis de la Fayette marqué de servir dans les troupes des Etats-Unis de l'Amérique septentrionale, et l'intérêt qu'il prend à la justice de leur cause, luy faisant souhaiter les occasions de se distinguer à la guerre, et de s'y rendre utile autant qu'il sera en luy ; mais ne pouvant se flatter d'obténir l'agrément de sa famille pour servir en pays étranger et passer les mers qu'autant qu'il y irait comme officier général, j'ai cru ne pouvoir mieux servir mon pays et mes commettants qu'en lui accordant au nom du très honorable Congrès, le grade de major général que je supplie les Etats de luy confirmer, ratifier et en faire expédier la Commission, pour tenir et prendre rang à compter de ce jour avec les officiers généraux du même grade. Sa haute naissance, ses alliances, les grandes dignités que sa famille possède à la Cour, ses biens considérables en ce Royaume, son mérite personnel, sa réputation, son désintéressement et surtout son zèle pour la liberté de nos provinces, m'ont seuls pu engager à lui faire la promesse du dit grade de

major général au nom des susdits Etats-Unis. En foy
de quoy j'ai signé le présent, fait à Paris, septembre
mil sept cent soixante.

" SILAS DEANE ".

" Aux conditions ci-dessus, je m'offre et promets de
partir quand et comment monsieur Deane le jugera à
propos, pour servir les dits Etats avec autant de zèle
possible, sans aucune pension ou traitement particulier :
me réservant seulement la liberté de revenir en Europe
lorsque ma famille ou mon Roy me rappelleront.

" Fait à Paris, ce septembre 1776.

" LE MARQUIS DE LA FAYETTE ".

Le marquis partit.

A deux ans de là, la France jugea à propos d'agir plus
énergiquement en faveur des Etats-Unis, et on crut
masquer cette entreprise en disant hautement que la
formation de l'armée que l'on créait était destinée à con-
tribuer à l'invasion de l'Angleterre.

" D'habiles officiers, dit le comte de Broglie dans son
Mémoire à Louis XVI, furent envoyés en Angleterre :
ils reconnurent la possibilité de la descente, les points
de débarquement, les moyens de subsistance, les mar-

ches, les camps, les positions, enfin toutes les opérations possibles jusqu'au delà de Londres. Ensuite on calcula, on combina sur nos côtes même tous les moyens que nous aurions pour exécuter ces projets : les lieux où devaient se rassembler les troupes, les points où il convenait de les faire embarquer, la quantité de bâtiments que chacun d'eux pouvait fournir, les agrès qu'il fallait préparer en artillerie, en munitions, en vivres, le nombre et l'espèce de troupes nécessaires, enfin jusqu'au calcul des saisons, des vents, des marées entra dans ce plan que l'on accompagna dans le même temps des cartes, tableaux de dépenses et autres pièces propres à donner au succès le dernier degré de probabilité ".

Maintenant la parole est au duc de Lauzun. Vous allez juger de son esprit frondeur et caustique.

" — Cette armée, dit-il, était si drôlement composée d'officiers généraux que je ne puis m'empêcher d'en parler. M. de Jaucourt, maréchal général du logis en était. J'ai ouï dire quelque part qu'il était comme l'abbé Rognonet, qui de sa soutane n'avait pas su se faire un bonnet. M. de Lambert, son adjoint s'en apercevait et le disait tout haut à qui voulait l'entendre. M. de Jaucourt s'en vengeait en lui faisant recommencer continuellement l'ingénieux ouvrage de l'embarquement des troupes. M. de Puysegur, major général, faisait parfaitement sa place, se moquait de ses généraux et de ses confrères, et branlait plus de cent fois la tête en parlant d'eux. M. le marquis de Créquy, aide de camp du général en chef, l'aidait à nous faire une chère empoisonnée et employait le reste de son temps à faire de petites méchancetés subalternes dont quelques-unes étaient assez plaisantes. M. le comte de Coigny, sous le caractère d'un aide de camp de M. de Jaucourt, comme Minerve auprès de Télémaque sous celui de Mentor, fumait dans l'antichambre du général pour avoir l'air d'un vieux partisan, et faisait des mémoires sur la guerre dès qu'on entrait dans sa chambre. M. le marquis de Langeron, lieutenant général, bonhomme loyalement ennuyeux, était grand diseur de quolibets ; quand il priait quelqu'un à dîner, il disait : — Voulez-vous venir manger avec moi un œuf coupé en quatre sur le cul d'une assiette d'étain ; s'il n'y en a pas assez, j'en mettrai dans un plat.

" M. de Rochambeau, maréchal de camp, commandant d'avant-garde, ne parlait que de faits de guerre, manœuvrait et prenait des dispositions militaires dans la plaine, dans la chambre, sur la table, sur votre tabatière si vous la tiriez de votre poche ; exclusivement plein de son métier—il l'entend à merveille—M. le comte de Caraman, tiré à quatre épingles, doucereux, minutieux, arrêtait dans la rue tous les gens dont l'habit était boutonné de travers, et leur donnait avec intérêt quelques petites instructions militaires ; il se montrait sans cesse un excellent officier plein de connaissance et d'activité. M. Wall, maréchal de camp, vieil officier irlandais, ressemblait beaucoup avec de l'esprit à Arlequin balourd, faisait bonne chère, buvait du punch toute la journée, disait que les autres avaient raison et ne se mêlait de rien. M. de Crussol, maréchal de camp, violemment attaqué d'une maladie, avait le cou tout de travers et l'esprit pas trop droit ".

Sur les entrefaites, dit le capitaine de vaisseau Chevalier, le chef d'escadre de Vaudreuil appareilla de Quiberon, le 25 décembre 1778, avec les vaisseaux le *Sphinx* et le *Fendant,* les frégates la *Nymphe* et la *Résolue,* la corvette l'*Epervier,* la *Lunette* et le *Lively* et deux goélettes. Des troupes placées sous le commandement du duc de Lauzun étaient embarquées sur ces bâtiments. La conquête du Sénégal et la destruction des établissements anglais compris entre Gorée et Sierra-Leone, tel était le but assigné à cette expédition. Les îles de Gorée et de Saint-Louis furent prises au commencement de février. Après ce premier succès, le marquis de Vaudreuil fit route vers les Antilles, et le duc de Lauzun retourna en Europe avec les troupes qui n'étaient pas destinées à tenir garnison dans la colonie.

Le débarquement sur les côtes d'Angleterre n'eut jamais lieu et pendant l'hiver il fut décidé d'envoyer un corps de troupes françaises en Amérique. M. de Rochambeau devait le commander. A force de démarches, le duc de Lauzun finit par en faire partie. Il s'embarqua à Brest, le 12 avril 1780. Il montait la *Provence*. Après une traversée orageuse de soixante-douze jours, le corps expéditionnaire mouilla en rade de Rhode-Island, " ayant prodigieusement de malades et manquant de vivres et d'eau ". Lauzun prit le commandement de " tout ce qui était sur la passe et à portée des lieux où on pouvait débarquer ". A quelque temps de là on envoya du secours au général Green qui avait remplacé dans l'armée du Sud le général Gates, après sa défaite. Lauzun demanda à y servir sous les ordres de la Fayette " quoique, dit-il, j'eusse fait la guerre comme colonel longtemps avant qu'il sortît du collége.   M. de Rochambeau me refusa ; ma demande fut fort blâmée dans l'armée, surtout par M. le marquis de Laval qui, ainsi que quelques autres, s'était promis de ne pas servir aux ordres de M. de la Fayette, et auraient presque obtenu de M. de Rochambeau la promesse de ne pas les employer sous lui.   Le général Washington m'en sût gré et me l'a souvent prouvé par la suite.   M. de Rochambeau mit son armée en quartier d'hiver à Newport.   Le défaut de fourrage l'obligea de m'envoyer dans les forêts du Connecticut à quatre-vingts milles de là.   Comme je parlais anglais je fus chargé d'une foule de détails mortellement ennuyeux mais nécessaires. Je ne quittai pas Newport sans regrets ; je m'y était fait une société fort agréable ".

Lauzun partit le 10 novembre pour Lebanon, et y resta jusqu'au 11 janvier 1781. " La Sibérie seule, dit-il, peut être comparée à ce village, qui n'est composé que de quelques cabanes dispersées dans d'immenses forêts ".

Son unique distraction était de se mêler aux habitants.   Un jour, un fermier eut la curiosité de lui demander ce que faisait son père en France.

— Mon père, répond Lauzun, est maréchal.

— Tiens, tout comme le mien, répartit le paysan, en pressant vigoureusement la main du duc. J'espère que le métier paye et que le travail ne chôme pas.

Deux mois se passèrent dans la solitude de Lebanon. Un beau matin, " le général Knox, commandant l'artillerie américaine, vint de la part du général Washington, dire à Lauzun que les brigades de Pensylvanie et de New-Jersey, lasses de servir, avaient tué leurs officiers, s'étaient révoltées, avaient choisi des chefs parmi elles et que l'on craignait également ou qu'elles marchassent sur Pensylvanie pour se faire payer de force, ou qu'elles joignissent l'armée anglaise qui n'était pas éloignée ".

Lauzun court prévenir Rochambeau et sur ses ordres rejoint le quartier général de Washington à New-Windsor, retourne à Lebanon, se rend ensuite à Rhode-Island, où il n'était que bruit de l'embarquement d'un corps d'armée sur l'escadre.

Ici Lauzun entre en scène.

— " Je fus, dit-il, demander à M. de Rochambeau d'y être employé : il me reçut fort mal : je lui représentai que je demandais plutôt justice que grâce, puisque c'était mon tour à marcher.   Il m'a dit qu'il n'y avait pas de tour à l'avant-garde : deux heures avant il disait le contraire : il ajouta qu'il aimait le zèle, mais que l'ardeur lui déplaisait. Je l'assurai qu'il me corrigerait entièrement de celle de servir sous ses ordres ; il se radoucit, me fit presque des excuses, me confia qu'il avait des obligations personnelles au marquis de Laval, qu'il n'avait pas d'autres moyens de les reconnaître ; qu'il lui avait promis de ne pas l'employer sous un brigadier ; que ce détachement devait opérer séparément du corps de M. de la Fayette et n'être qu'indirectement à ses ordres. Le marquis de Laval l'avait vivement désiré. Je ne répondis rien, mais il dut voir sur mon visage que cela n'était pas juste. Je demandai à y aller comme volontaire : il dit que cela serait ridicule et me refusa. Dans la journée M. de Rochambeau fit des réflexions, donna le commandement du détachement au baron de Vioménil, qui ne le demandait pas, et n'employa le marquis de Laval qu'en second, ce qu'il ne lui a pas encore pardonné ".

Lauzun retourna donc à Lebanon, d'où M. de Rochambeau le fit venir à Rhode-Island. Un conseil de guerre s'y tenait. Lauzun fut chargé d'en porter le résultat au général Washington. D'après lui, le créateur de la république américaine le reçut bien, mais il entra dans une grande colère contre Rochambeau ; pendant trois jours il refusa de lui répondre. Finalement il le laissa libre de faire ce qu'il voudrait.

Ici, Lauzun glisse une remarque qui a son importance historique :

" — Pendant tout le cours de cette guerre, dit-il, les Anglais semblent frappés d'aveuglement ; ils font toujours ce qu'il ne faut pas faire et se refusent toujours aux avantages les plus clairs et les plus certains. Après le départ de l'armée, il suffisait d'attaquer l'escadre française dans Rhode - Island pour la détruire ; ils n'en eurent pas même l'idée ".

En route, Lauzun dégage le général Lincoln qui, chargé de surprendre le fort Kniphausen, fut repoussé avec une perte de deux ou trois cents hommes tués ou pris, avec beaucoup de blessés. Le duc ne perdit personne. Campé pendant huit jours à White-Plain il y fit " des fourrages continuels fort étendus et jusqu'à la vue des postes de l'ennemi ".

De là les troupes passèrent la rivière du Nord à Rings-Ferry : " heureusement, dit Lauzun, les Anglais ne sortirent pas de New-York pour nous suivre, car la marche ayant été mal ouverte à travers les marais, l'artillerie toute entière et les équipages de l'armée y restèrent embourbés pendant trente-six heures, sans autres escortes que mon régiment et un bataillon de grenadiers et de chasseurs qui composaient toute l'arrière-garde à mes ordres. Après le passage de la rivière du Nord qui fut long et difficile, mais que les Anglais ne cherchèrent pas à troubler, l'armée, pour la facilité des vivres et des fourrages, marcha en deux divisions à un jour de distance ; l'armée américaine se dirigeait par un autre chemin peu éloigné du nôtre. Nous étions obligés de traverser les Jerseys et de faire environ 70 milles, à 15 ou 20 milles des ennemis et souvent plus près.

" Nous ne doutions pas qu'ils ne s'opposassent à notre passage, ce qu'ils eussent certainement fait avec succès ".

M. de Rochambeau avait laissé l'ennemi sous l'impression qu'il allait attaquer New-York. Des fours et même des magasins français étaient établis à Chatham, près de la ville. Pendant ce temps, Rochambeau préparait avec Washington la marche de l'armée en Virginie.

" — Nous étions campés, dit Lauzun, dans les Jerseys, à Summers et à Court-House. Le baron de Vioménil commandait la première division de l'armée, composée d'une brigade d'infanterie, de l'artillerie et de mon régiment. Nous reçûmes avis que mille hommes de la garnison de New-York avaient eu ordre de se tenir prêts à marcher et que les troupes légères n'étaient pas à un mille de nous. Le baron de Vioménil, qu'un coup de pied de cheval obligeait d'aller en voiture, ne savait quel parti prendre. Il était en effet presque sans ressources s'il avait été attaqué ".

Alors Lauzun prend une décision. Il commande à cinquante de ses hussards de venir avec lui, fait plus de 10 milles sur le chemin de Brunswick, se bat avec trois " fortes patrouilles anglaises, s'assure que l'armée ennemie ne marche pas " et retourne faire son rapport au baron de Vioménil.

Lauzun arrive à Philadelphie; il y est admirablement bien reçu. Washington rayonnait de joie. L'amiral de Grasse entrait dans la baie Chesapeake. Trente vaisseaux de ligne français venaient de débarquer M. de St-Simon, qui commandait à trois mille hommes.

Le désastre de Yorktown se préparait. Custine, que Lauzun devait plus tard rencontrer en Vendée, reçut l'ordre de rembarquer une partie des troupes du duc.

Lauzun était avec elles. Après trois jours de contrariétés et de mauvais temps ils arrêtèrent à Annapolis. Là, Washington fit dire à Lauzun d'attendre ses ordres et de débarquer ses troupes. Trois jours se passèrent dans l'attente, et la nouvelle de la victoire de l'amiral de Grasse tomba comme une bombe au milieu de tous ces assoiffés de gloire. Grasse avait pris deux frégates, et était de nouveau à son mouillage. Lauzun se rembarqua et les vents contraires le forcèrent de prendre dix jours pour se rendre à l'embouchure de la baie James.

Ici se glisse une des anecdotes les plus curieuses de cette campagne.

" — J'y trouvai M. de Custine ; et comme je lui rendais compte de ce qui s'était passé pendant son absence, le général Washington et M. de Rochambeau qui étaient à peu de distance sur une corvette, m'envoyèrent dire d'aller à leur bord. Le général Washington m'assura que lord Cornwallis, ayant envoyé toute sa cavalerie à un corps de troupes assez considérable à Glocester, vis-à-vis de York, il craignait qu'il ne voulût se retirer par là, et qu'en conséquence il l'avait envoyé observer par un corps de trois mille hommes de milice

2

aux ordres du brigadier continental, Wiedon, assez bon
maréchal ferrant, mais détestant la guerre qu'il n'aurait
jamais voulu faire, et surtout se mourant de peur des
coups de fusil. Devenu brigadier général par hasard,
le respectable officier était mon ancien de commission de brigadier : le général Washington en était plus
affligé que moi, car il me destinait ce commandement.
Il me dit qu'il écrivait au général Wiedon, qu'il lui en
conserverait les honneurs, mais qu'il lui défendait de se
mêler de rien. Je lui représentai que nous ne connaissions pas cette manière de servir ; que si le général
Wiedon était à mes ordres je le ferais très certainement
obéir, mais qu'étant aux siens je lui obéirais très exac-
ment ; que je ne me sentais pas de répugnance de servir
sous lui, s'il le jugeait, et qu'il pouvait compter que
je vivrais à merveille avec lui.

"J'allai avec mon régiment joindre le corps du
général Wiedon. La manière dont il bloquait Glocester
était bizarre ; il était à plus de 15 milles du poste
ennemi, se mourant de peur et n'osant envoyer une
patrouille à un demi-mille de son camp. C'était le
meilleur homme du monde et tout ce qu'il désirait était
de ne se mêler de rien. Je lui proposai de se rapprocher

de Glocester et d'aller le lendemain faire une reconnaissance près du poste anglais ; il y consentit, et nous y fûmes avec cinquante hussards. Quand nous fûmes à 6 ou 7 milles des ennemis il me dit qu'il croyait inutile et très dangereux d'aller plus loin et que nous n'en verrions pas davantage ; je le pressai tellement qu'il n'osa me refuser de me suivre. Je repliai les postes des ennemis, et m'approchai assez près pour prendre une idée juste de leur position. Mon général était au désespoir ; il me dit qu'il n'irait plus avec moi, qu'il ne voulait pas se faire tuer.

" Je rendis compte à M. de Rochambeau de ce que j'avais vu, je lui mandai qu'on ne pouvait compter sur la milice américaine, et qu'il était indispensable de m'envoyer au moins deux bataillons d'infanterie française de plus. Je n'avais ni artillerie, ni vivres, ni poudre ; je lui en demandai ; il m'envoya sur-le-champ de l'artillerie et huit cents hommes tirés des garnisons des vaisseaux, aux ordres de M. de Choisy, qui, par son ancienneté, commanda le général Wiedon et moi.

" M. de Choisy est un bon et brave homme, ridiculement violent, constamment en colère, faisant des scènes à tout le monde et n'ayant jamais le sens commun. Il commença par envoyer promener le général Wiédon et toute la milice, leur dit qu'ils étaient tous des poltrons. En cinq minutes il leur fit presque autant de peur que les Anglais, et assurément, c'était beaucoup dire. Il voulu, dès le lendemain, aller occuper le camp que j'avais reconnu. Le général Wiedon aima mieux venir un jour plus tard et resta avec environ six cents hommes de sa division.

" Un moment avant d'entrer dans la plaine de Glocester, des dragons de l'Etat de Virginie vinrent très effrayés nous dire qu'ils avaient vu des dragons anglais dehors, et que, crainte d'accidents, ils étaient venus à toutes jambes, sans plus examiner. Je me portai en avant pour tâcher d'en savoir davantage. J'aperçus une fort jolie femme à la porte d'une petite maison sur le grand chemin ; je fus la questionner ; elle me dit que dans l'instant même le colonel Tarleton sortait de chez elle ; qu'elle ne savait pas s'il était parti beaucoup de troupes de Glocester ; que le colonel Tarleton désirait beaucoup de secouer la main du duc français — *to shake hand with the French duke.* Je l'assurai que je venais exprès pour lui donner cette satisfaction. Elle me plaignit beaucoup, pensant, je crois, par expérience, qu'il était impossible de résister à Tarleton. Les troupes américaines étaient dans le même cas. Puis elle me servit à déjeuner et je fis sonner le boute-selle.

" Je n'étais pas à 100 pas de là que j'attendis mon avant-garde tirer des coups de pistolet. J'arrivai au grand galop pour trouver un terrain où je pusse me mettre en bataille. J'aperçus en arrivant la cavalerie anglaise, trois fois plus nombreuse que la mienne ; je la chargai sans m'arrêter ; nous nous joignîmes. Tarleton me distingua et vint à moi le pistolet haut. Nous allions nous battre entre nos deux troupes, lorsque son cheval fut renversé par un de ses dragons poursuivi par un de mes lanciers. Je courus sur lui pour le prendre ; une troupe de dragons anglais se jeta entre nous deux et protégea sa retraite ; son cheval me resta. Il me chargea une deuxième fois sans me rompre ; je le chargeai une troisième fois, culbutai une partie de sa cavalerie et le poursuivis jusque dans les retranchements de Glocester. Il perdit un officier, une cinquantaine d'hommes et je fis un assez grand nombre de prisonniers ".

Sir Banester Tarleton était un officier fort brave, mais qui avait une grande réputation de cruauté. En janvier

1781, il fut défait par le général Morgan, à Cowpens, rentra en Angleterre, fut promu général et devint membre de la Chambre des Communes.

Cette anecdote du déjeuner de Lauzun me rappelle l'incident non moins curieux qui arriva à la Fayette. Elle est racontée par M. Blandy, de Prescott (Arizona), qui l'a publiée pour la première fois dans l'*American Historical Register*.

" — L'histoire mentionne, nous dit-il, une reconnaissance faite par Washington et la Fayette, autour d'Elk-Landing (Maryland), lorsque les Anglais débarquèrent dans cette localité, d'où ils marchèrent sur Brandywine (Pensylvanie). Mais ce que l'on ignore généralement, c'est que Washington et la Fayette mangèrent un déjeuner qui avait été préparé pour un général anglais, Lord Howe. Ils avaient leur camp à Chestnut-Hill (Delaware), d'où l'on découvre distinctement une partie de la baie Chesapeake. Ils partirent le matin de bonne heure dans la direction du nord-ouest pour aller reconnaître la route allant d'Elk-Landing à Newark, et ils entrèrent dans une ferme, située à 100 mètres environ de la route, pour y demander à déjeuner. Ils furent très gracieusement reçus par la maîtresse de la maison,

Mrs. Alexander, trouvèrent la table mise et le déjeuner prêt à être servi.

" La Fayette manifesta un véritable enchantement de cette chance, et les deux généraux se mirent à table. La maîtresse de la maison les ayant laissés seuls un instant, Washington toucha la Fayette du pied, sous la table et lui dit : mangez vite, ce déjeuner ne nous était pas destiné. La Fayette comprit. Le déjeuner fut promptement terminé, et les deux généraux se hâtèrent de remonter en selle après avoir chaleureusement remercié leur hôtesse. Mais, ils venaient à peine de regagner la route, que se retournant ils aperçurent lord Howe et son état-major entrer dans la ferme où ils s'étaient fait préparer le déjeuner ".

Mais laissons de nouveau la parole à Lauzun.

" — M. de Choisy, dit-il, établit son camp à un mille et demi de Glocester ; nos patrouilles fusillaient continuellement avec celles des Anglais, et nous ne dormîmes pas un seul instant pendant le siège. M. le baron de Vioménil devait attaquer deux redoutes des ouvrages d'York. M. de Choisy eut ordre de faire une fausse attaque sur Glocester ; il crut pouvoir en faire une réelle, et il emporta le retranchement l'épée à la main.

Il fit en conséquence distribuer des haches à la milice américaine pour couper les palissades. Au premier coup de fusil, la moitié jeta les haches et les fusils pour courir plus vite. Ainsi abandonné, il se retira sur moi avec quelques compagnies d'infanterie française et perdit une douzaine d'hommes ".

Etant donné son caractère, il devait être de fort belle humeur.

" — Le surlendemain, mylord Cornwallis demanda à capituler. M. de Rochambeau me destina à porter cette grande nouvelle en France... Je m'embarquai sur la frégate du roi la *Surveillante*, et après vingt-deux jours de traversée, je débarquai à Brest et me rendis à Versailles sans perdre de temps ".

Revenu malade en Amérique, Lauzun succéda à M. de Rochambeau dans le commandement des troupes françaises, et la paix étant faite, le 11 mars 1783, il appareillait de Washington pour la France, ramenant avec lui les restes de l'armée française et quittant les Etats-Unis libres et indépendants.

Lauzun laissait les meilleurs souvenirs à ceux qui l'approchaient. Un jour, en 1794, le colonel Trumbull voyageait sur les bords du Rhin et se trouva sans gîte, au village de Mulhouse, occupé par les troupes françaises. Il allait passer la nuit dans sa voiture, lorsqu'un officier lui envoya demander s'il était Anglais.

— Non, je suis américain, lui fut-il répondu.

— Et connaissez-vous le Connecticut ?

— Mais oui, mon père en était le gouverneur.

— Mon Dieu que je suis charmé de vous obliger ; venez à mes quartiers, jé suis un ancien officier de la légion de Lauzun.

Et toute la nuit il causèrent du vaillant colonel des hussards.

Le Congrès baptisa un de ses vaisseaux de guerre du nom de *Duc de Lauzun*. Ce fut ce navire qui, en 1783, reconduisit en France la délégation française et apporta à l'amiral comte de Grasse les quatre pièces de campagne prises sur l'ennemi et offertes à cet officier général par le ministre de la guerre des Etats-Unis.

II

LAUZUN DEVIENT DUC DE BIRON

Cinq ans après mourait son oncle, le maréchal de Biron, et de Lauzun prit le titre de duc de Biron. L'année suivante, la noblesse du Quercy le députait aux états généraux. Beau causeur, mais peu parleur de sa nature, le champ de bataille lui allait mieux que la tribune. Le nouveau duc de Biron ne s'y fit remarquer que par son rapport sur les maîtres de poste. Il fit supprimer l'intendance des postes. En 1792, il accepta une mission diplomatique à Londres, où il fut arrêté pour dettes, mais relâché avec caution. Revenu en France on le mit sous les ordres des généraux Rochambeau, Custine, puis on lui donna le commandement du Haut-Rhin. Il servit sous de Custine qui avait servi sous lui en Amérique, remplaça le général Anselme à l'armée du Var et contribua fortement à la conquête du comté de Nice.

Ici commence la trame qui devait être fatale à Lauzun. Un qui l'a bien connu écrivait ce qui suit au commencement du siècle :

" Dans la discussion qui précéda le décret rendu par

la convention nationale, le 10 avril 1793, portant que les princes de la maison de Bourbon qui étaient restés en France seraient transférés à Marseille, M. Lereveil-lère-Lépaux demanda qu'ils ne fussent point envoyés dans cette ville, parce que Biron commandait l'armée des Alpes maritimes ! Boyer-Fonfred et Marat demandèrent que Biron fut destitué. Il y a lieu de croire que cette discussion influa sur la destination ultérieure de M. de Biron ; car peu après il fut appelé au commandement de l'armée de la Vendée, et M. de Biron quitta avec peine l'armée des Alpes maritimes ".

Ici le roué, le beau Lauzun, allait monter son calvaire et apprendre que la vie n'est pas toujours composée de madrigaux, de billets musqués, de coups de sabre, de joyeux soupers et de loyauté chevaleresque.

Un ouvrage inédit, intitulé " *Mémoires sur la guerre de Vendée* ", va nous renseigner sur cette triste période de sa vie.

Le duc de Lauzun avait puisé pendant la guerre de l'Indépendance américaine des idées qui cadraient mal avec celles de la Révolution.

" Biron, écrit l'auteur de ces Mémoires, semblait né pour la liberté. Il entra dans la carrière de la révolution avec le sentiment profond d'un citoyen prêt à tout sacrifier pour le bien et la gloire de son pays. Il n'oublia jamais qu'il avait une patrie ; il la servit constamment de tous ses moyens et finit par être victime de cette influence mystérieuse qui, sous la tyrannie de Robespierre, frappait indistinctement et le crime et la vertu. Le caractère de Biron fut toujours celui de la franchise et de la loyauté. Il eut cette force d'âme qui ne sait ni flatter ni craindre le pouvoir même au milieu des orages les plus violents ".

En mai 1793, il remplaçait le général Berruyer au commandement de l'armée des côtes de La Rochelle. Il s'agissait de faire la guerre aux Chouans. Biron demandait au ministre :

1⁰ Comment les déserteurs et les prisonniers de guerre des rebelles seraient traités ?

2⁰ S'il pouvait employer d'autres moyens que celui des armes pour soumettre le pays insurgé ?

3⁰ Enfin s'il pouvait entrer en négociation avec les chefs ?

D'après les *Mémoires* sur la guerre de Vendée, le ministre lui répondit :

" — L'article relatif aux déserteurs n'a pas été prévu

par la loi ; il doit être décidé par la Convention. Les décrets des 19 mars et 10 mai règlent ce qui est relatif aux rebelles pris les armes à la main. La République ne peut qu'applaudir au zèle qui vous suggère le meilleur moyen de ramener les Vendéens égarés. Vous ferez circuler parmi eux les instructions les plus propres à opérer cet effet. Quant à la dernière question : non. Je ne pense pas, ajoute le ministre, que dans aucun cas, il puisse vous convenir d'entrer en convention avec les chefs des rebelles ".

Le 28 mai, Biron est à Niort ; trois jours auparavant Fontenay avait été pris. En date du 31, il écrit au ministre :

" — A mon arrivée, j'ai trouvé une confusion inimaginable, un ramas d'hommes qu'il est impossible d'appeler armée. Ce chaos ne peut se débrouiller que par une activité sans relâche et une patience sans bornes. Il n'y a point de malheurs que l'on ne dût attendre d'un tel excès de désordre et nous avons, je vous jure, des grâces à rendre au hasard d'en avoir été quitte à si bon marché. L'armée des côtes n'existe que sur le papier.

" D'après ce que j'apprends des rebelles, de leurs moyens et de leur manière de faire la guerre, ils ne doivent absolument leur existence qu'a l'épouvantable confusion qui n'a cessé d'accompagner les mesures incohérentes et insuffisantes que l'on a toujours prises partiellement contre eux ".

Quels souvenirs d'Amérique cet état de choses devait rappeler à Lauzun devenu Biron. En parlant des troupes de France aux Etats-Unis, treize ans auparavant, il écrivait :

" — L'armée française traverse l'Amérique dans le plus grand ordre et dans la plus grande discipline, prodige dont l'armée anglaise ni l'armée américaine n'auraient jamais donné l'exemple ".

Le 2 juin, nouvelle lettre au ministre.

" — Nous manquons de fusils, d'officiers généraux, et ce qui est plus fâcheux encore, d'officiers supérieurs instruits et intelligents ".

Pendant ce temps les Vendéens prenaient Douai, Thouars, Saumur.

Un délégué de la commission centrale des représentants, celle de Tours, l'invita à marcher sur Saumur. Biron s'y opposa en alléguant ce qui suit :

" — Un abus qu'il est de mon devoir de vous dénoncer est la quantité innombrable d'agents et de sous-agents.

des agents du pouvoir exécutif. Il est très connu qu'ils vont partout enlevant les chevaux et les voitures et insultant les propriétaires, sans que cela tourne au profit de l'armée. Il se trouve une multitude de désorganisateurs qui prêchent aux soldats l'indiscipline, le pillage, la défiance des généraux, le mépris et la haine de la Convention et des représentants délégués à cette armée. Je vais partir pour Olonne ".

Et de là, tout en faisant l'éloge du général Boullard commandant la division des Sables, il trace de main de maître, la désertion que cause l'approche de la moisson, parmi les gardes nationaux.

" — Mon opinion, dit-il, n'a jamais été que l'on put tirer militairement aucun parti de ces cultivateurs, pères de famille que leur désespoir rend plus dangereux qu'utiles. Nous en avons fait sur plusieurs points la désastreuse expérience car ils ont commencé toutes les déroutes longtemps avant le danger. Je crois donc fermement qu'on a pu les retenir à l'armée sans nuire à la chose publique sous plus d'un rapport important. Je n'ignore pas quelle énorme responsabilité j'attire sur ma tête en parlant ainsi; je sais bien que si nous éprouvions encore quelques revers, ce qui, j'espère, n'arrivera pas, on ne manquerait pas d'attribuer au renvoi de ces habitants des campagnes, la plupart point ou mal armés et fuyant avant d'avoir tiré un coup de fusil. On les transformerait bien vite *en robustes et énergiques agriculteurs armés d'excellents fusils de chasse, mettant une balle dans un écu à trois cents pas, et déterminés à verser jusqu'à la dernière goutte de leur sang;* mais je suis pénétré de ce principe, qu'un républicain doit, quand il est convaincu qu'il fait une chose utile, risquer sa tête sur l'échafaud comme de l'exposer au combat".

En rédigeant cette lettre, Biron avait eu une vision de l'avenir.

Le 23, le général Biron écrivait au ministre une nouvelle missive.

" — Les agents de vos agents prêchent partout l'insubordination, l'insurrection et le partage des propriétés. Ils sont dénoncés ou successivement mis en arrestation par les sociétés populaires et par les corps administratifs, comme désorganisateurs. Permettez-moi de vous représenter qu'en me refusant tous les moyens particuliers que je vous ai demandés et qu'il vous était si facile de me donner et si indispensable pour moi d'avoir, vous avez rendu cette armée si scandaleusement désorganisée, à peu près impossible à commander.

" Si tous les désagréments et tous les dégoûts que j'éprouve n'étaient que personnels, je les supporterais, sans me plaindre, avec une patience vraiment républicaine ; mais ils nuisent trop au service de la République pour ne pas regarder comme un devoir de m'en plaindre avec une énergie toute républicaine.

" Je vous demande donc instamment, ou de me donner un chef ou de m'employer dans une autre armée, ou de me décharger d'une responsabilité qu'il n'est ni juste ni possible de me laisser supporter plus longtemps ".

Biron venait de signer son arrêt de mort. Cette lettre tomba entre les mains de Rousin qui était adjoint au ministre.

III

MORT DU DUC DE BIRON ET DU GÉNÉRAL DE CUSTINE

A partir de ce moment on s'ingénia à le dégoûter et à le compromettre. Les événements s'y prêtèrent. Le 29 juin, disent les *Mémoires de la guerre de Vendée*, Rossignol, lieutenant-colonel commandant la 35ᵐᵉ division de gendarmerie, fut dénoncé au commandant de

3

Saint-Maixent, en l'absence de Westerman. Il fut dressé un procès-verbal des déclarations faites par plusieurs individus. A son retour, Westerman écrivit au pied du procès-verbal l'ordre d'arrêter Rossignol et de le faire conduire dans les prisons de Niort. Les pièces furent remises à l'accusateur militaire. Bientôt cette nouvelle parut dans les bureaux ministériels, et Rossignol reçut ordre de venir à Paris rendre compte de sa conduite. On se contenta d'informer Biron de l'ordre adressé directement à Rossignol.

Cette arrestation dont Biron n'avait pas même eu connaissance devait lui être fatale. Sur ces entrefaites, Westerman venait d'être battu à Châtillon. Biron en conçut un si violent chagrin qu'il pria le ministre de présenter à la Convention Nationale sa démission de commandant en chef de l'armée des côtes de LaRochelle. Il alléguait des raisons de santé, " depuis dix jours, ajoutait-il, j'ai constamment la fièvre ; je demande un successeur ".

N'ayant pas de réponse, il écrivait de nouveau :

" Comme depuis le 23 juin le ministre de la guerre ne répond plus à mes lettres les plus importantes, je préviens le comité que dans huit jours, rien au monde ne m'empêchera de remettre le commandement de l'armée à l'officier le plus avancé après moi. Je prie le comité de me désigner le lieu où je dois me rendre pour attendre les ordres de la Convention ".

Au moment où il passait cette lettre, Biron était dénoncé auprès de Vincent, adjoint du ministre, par Momoro, Brûlé, Besson et par Rousin lui-même.

Rossignol venait d'être mis en liberté et avait reçu la promotion de général. Biron tenu responsable de son arrestation reçut l'ordre de venir à Paris pour y rendre compte de sa conduite au Conseil exécutif provisoire. Le 20 juillet, il comparaissait devant le tribunal à dix heures du soir, puis il fut interné à l'Abbaye. Le 4 septembre il demandait à être jugé de suite, mais il ne fut traduit devant le tribunal révolutionnaire que le 1er janvier 1794. Les juges furent unanimes. Biron fut condamné à mort pour " *avoir été convaincu d'avoir participé à une conspiration, contre la sûreté extétieure et intérieure de la République* ".

Larousse, dans son Encyclopédie, affirme qu'après avoir entendu lire sa condamnation à mort, Lauzun se fit servir des huîtres dans sa prison, et présenta un verre de vin au bourreau en lui disant :

— Prenez ; vous devez avoir besoin de courage au métier que vous faites.

Ce fait mérite d'être contrôlé. Ce qu'il y a de certain c'est que sur l'échafaud, Lauzun se montra tel qu'il avait été toute sa vie : brave, digne et fier.

Son ami de la veille, le bourreau, voulait le lier.

— Nous sommes tout deux Français, lui dit Biron. Fais ton devoir, je vais faire le mien.

Le duc de Lauzun et de Biron n'avait que quarante-six ans !

Sa femme, la duchesse de Biron, affirme Riouffe, qui dans le temps était détenue à la conciergerie, monta elle aussi sur l'échafaud, avec un acte d'accusation rédigé par son homme d'affaires.

Lauzun avait eu comme principaux camarades, pendant la guerre d'Amérique, de la Fayette, de Rochambeau, de Grasse, de Saint-Simon, le colonel de Vioménil, de Barras, de Choisy, le marquis de Laval, Destouches capitaine de vaisseau, le chevalier de Ternay, etc.

L'un d'eux, Adam Philippe, comte de Custine, fut exécuté sept mois après de Lauzun. En Amérique, de Custine commandait le régiment de Saintonge. De retour en France, il avait été promu maréchal de camp et devint successivement gouverneur de Toulon, puis député par la noblesse de Lorraine, aux états généraux. En 1792 il commanda en chef l'armée du Rhin, mais dénoncé par des traîtres et des ennemis, il monta sur l'échafaud le 27 août 1793. Un mois après, son fils subissait le même sort. Les deux dernières lettres adressées par de Custine à sa femme sont navrantes.

Les voici :

                  « A neuf heures du matin.

« Je ne puis mieux commencer ma dernière journée qu'en te parlant des tendres et douloureux sentiments que tu me fais éprouver. Je les repousse quelquefois et quelquefois ils ne peuvent être éloignés. Que vas-tu devenir ? Te laissera-t-on du moins ton habitation, du moins ta chambre ? Tristes pensées, tristes images !

« J'ai dormi neuf heures. Pourquoi ta nuit n'est-elle pas aussi calme ? car c'est ta tendresse, non ta peine qu'il me faut.

« Tu sais déjà le sacrifice que j'ai fait. J'ai un pauvre compagnon d'infortune qui t'a vu petite et qui a l'air d'un bon homme ; on est trop heureux, en finissant ses maux, de soulager ceux d'un autre ; fais savoir cela à Philoctète.

« J'ai oublié de te dire que je m'étais défendu à peu près seul et seulement pour les gens qui m'aiment ».

« A quatre heures du soir.

« Il faut te quitter... Je t'envoie mes cheveux dans cette lettre. La citoyenne... promet de te remettre l'un et l'autre. Témoigne lui en ma reconnaissance.

« C'en est fait, ma pauvre Delphine ; je t'embrasse pour la dernière fois. Je ne puis te revoir, et si même je le pouvais, je ne le voudrais pas. La séparation serait trop difficile ; et ce n'est pas le moment de s'attendrir.

« Que dis-je, s'attendrir...? Comment pourrais-je m'en défendre à ton image ? Il n'en est qu'un moyen... celui de la repousser avec une barbarie déchirante, mais nécessaire. Ma réputation sera ce qu'elle doit être, et, pour la vie ,c'est chose facile par sa nature. Des regrets sont les seules afflictions qui viennent troubler ma tranquillité parfaite. Charge-toi de les exprimer, toi qui connais bien mes sentiments ; et détourne ta pensée des plus douloureux de tous, car ils s'adressent à toi.

« Je ne pense pas avoir fait à dessein du mal à personne. J'ai quelquefois senti le désir vif de faire le bien. Je voudrais en avoir fait davantage ; mais je ne sens pas le poids incommode du remords. Pourquoi donc éprouvai-je aucun trouble ? mourir est nécessaire et tout aussi simple que de naître.

" Ton sort m'afflige. Puisse-t-il s'adoucir, puisse-t-il même devenir heureux un jour. C'est un de mes vœux les plus chers et les plus vrais.

" Apprends à ton fils à bien connaître son père. Que des soins éclairés écartent loin de lui le vice ; et quant au malheur qu'une âme énergique et pure lui donne la force de le supporter.

" Adieu ! Je n'érige pas en axiome les espérances de mon imagination et de mon cœur ; mais crois que je ne te quitte pas sans désirer de te revoir un jour.

" J'ai pardonné au petit nombre de ceux qui ont paru se réjouir de mon arrêt. Toi, donne une récompense à qui te remettra cette lettre ".

Au moment où de Custine rédigeait cette lettre, au moment où il montait à l'échafaud, le lâche général Rousin, fier de son succès, écrivait à son ami Vincent :

" Je te félicite d'avoir fait tomber Custine ; pour moi, j'ai un peu contribué à la chute de Biron. Achève sur Beauharnois et ses semblables une proscription si nécessaire au maintien de la République ".

II

—

I

LE CHEVALIER DE CHASTELLUX CHEZ LE GÉNÉRAL WASHINGTON

L'histoire nous apprend qu'issu d'une famille illustre, d'abord chevalier, puis marquis, François Jean de Chastellux servit sous les ordres de Washington dans le corps français du général de Rochambeau, en qualité de maréchal de camp et de chef d'état-major de ce corps. Le duc de Lauzun qui avait beaucoup d'esprit, comme on vient de le voir, le jugeait mal quand il écrivait :

« — Chastellux a une tête vive qui ne peut être fixée longtemps sur les mêmes idées ».

Le comte de Ségur le jugeait autrement :

« — Son savoir est dénué de tout orgueil. Il est

profondément érudit et joint à cela un style châtié et élégant ".

Mais je m'en vais laisser Chastellux se juger lui-même. Sa mémoire n'aura qu'à y gagner.

Joyeux convive, excellent militaire, causeur charmant, aimant les choses fines, amateur passionné de la nature, naturaliste à ses heures—il était le grand ami de Buffon — musicien, peintre, élégant de sa personne. Chastellux a laissé deux volumes de *Voyages*, rares aujourd'hui, et qui méritent d'être lus. Vingt-quatre exemplaires de ce journal ont été tirées par la petite imprimerie de l'escadre française qui était à bord du *Languedoc*, sous la direction de P. Demange, imprimeur du roi et de la flotte. A peine dix ou douze de ces introuvables volumes purent-ils arriver en Europe. Plus tard ils furent critiqués par le traître Arnold dans un livre imprimé à Londres, par G. & T. Wilkes ; ce dernier document est devenu rarissime.

Je me servirai de la dernière édition des mémoires de Chastellux.

Je le répète, le chevalier de Chatellux avait le titre de général sous Rochambeau. Tout en se battant bravement, il ne perdait pas une occasion de se renseigner et d'annoter ce qui, au jour le jour, le frappait le plus.

Quelques-unes des pages de son Journal peuvent paraître monotones. Il insiste peut-être un peu trop sur les menus d'auberges. Il ne faut pas oublier que ses voyages dans la Haute-Virginie, dans le Massachusetts, dans le Nouveau-Hampshire, dans la Haute-Pensylvanie, dans la Virginie, se faisaient en 1780, 1781 et 1782. Ils donnent une idée exacte des Etats-Unis à cette époque ; ils vous font toucher du doigt les mœurs, les habitudes de ces hardis pionniers, de ces intrépides lutteurs qui, plus tard, devaient former un des peuples les plus puissants de l'univers.

Les compagnons de route de Chastellux, étaient d'ordinaire de Noailles, de Damas, le chevalier Duplessis, Lynch, plus tard colonel du régiment Walsh, de Montesquieu, colonel du régiment Bourbonnais et petit-fils de l'auteur de l'*Esprit des Lois*, le comte de Custine, le comte de Deux-Ponts, le marquis de Laval-Montmorency, le comte de Vioménil, le vicomte de Mèsmes, de Mauduit, joyeux lurons, fines lames, gourmets à toute épreuve et presque aussi observateurs que leur général.

Dès le début de ses pérégrinations, Chastellux fait la

rencontre du beau-frère du général Montgomery, tué en 1775, devant Québec. Livingston, c'est son nom, commande à King's-Ferry où il s'est établi " de préférence à Stony-Point, parce qu'il s'y trouve plus à portée des Plaines-Blanches où les Anglais font de temps en temps des excursions ".

Voici ce qu'en dit Chastellux :

" — C'est un jeune homme aimable et instruit. Avant la guerre il s'était marié en Canada où il a acquis l'usage de la langue française ; en 1775, il fut un des premiers à prendre les armes ; il combattit sous les ordres de Montgomery et s'empara du fort Chambly tandis que le premier assiégeait Saint-Jean. Il nous reçut dans sa petite citadelle avec beaucoup de grâce et de politesse ; mais pour en sortir avec les honneurs de la guerre, les lois américaines exigeaient que nous fissions un déjeuner. C'était le second de la journée. Il consista en biftecks, accompagné de thé au lait et de quelques *bowls* de grog, car la cave de Livingston n'était pas mieux fournie que la garde-robe des soldats ; ceux-ci avaient été envoyés dans cette garnison, comme étant les plus mal vêtus de l'armée américaine; ainsi on peut se faire une idée de leur habillement ".

Pendant le repas la musique joua la " *Marche des Hurons* " qui fut bissée. Ce morceau de maître, qui faisait alors le tour des régiments américains, était tiré de l'opéra le *Huron* de Grétry. Il fut joué pour la première fois en 1769, et tint longtemps le répertoire [1].

Après le déjeuner, Livingston montra à Chastellux une espèce de promontoire d'où il pensa prendre avec une seule pièce de canon la frégate anglaise le *Vautour*, qui avait attendu André et qui attendait Arnold.

Il ne faut pas oublier que ce dernier avait été sous Québec le compagnon d'armes d'Arnold.

" Cette frégate, écrit de Chastellux, s'étant trop approchée du rivage, échoua à marée basse. Le colonel en avertit Arnold et lui demanda deux pièces de gros canons, assurant qu'il les placerait de façon à la couler bas. Arnold éluda la proposition sous de vains pré-

---

1 — Il ne faut pas confondre cet opéra avec la comédie en deux actes et en vers, mêlée d'ariettes qui fut représentée pour la première fois par les comédiens italiens ordinaires du roi, le 20 août 1788.

Marmontel était l'auteur du libretto.

Notre bibliophile canadien distingué, M. Philéas Gagnon, possède un exemplaire de cet œuvre rarissime.

Il est dans sa belle bibliothèque.

téxtes, de sorte que le colonel ne put conduire qu'une seule pièce de 4 qui était alors dans la redoute de Verplank. Cette pièce prolongeait le vaisseau de l'avant en arrière et lui faisait tant de dommages que s'il n'avait pas été relevé avec le flot, il aurait été obligé d'amener. Le lendemain le colonel Livingston se trouvant sur le rivage vit passer Arnold dans sa berge, comme il descendait la rivière pour gagner la frégate anglaise. Il assure qu'il en conçut un tel soupçon, que s'il avait eu à sa portée ses bateaux de garde, il aurait été sur-le-champ le joindre et lui demander où il allait. Il est vraisemblable que cette question l'aurait jeté dans l'embarras et que le colonel Livingston se fut confirmé dans ses soupçons et l'eut arrêté.

" Arnold et sa trahison occupaient encore ma pensée, lorsque mon chemin me conduisit à cette fameuse maison de Smith, où il eut son entrevue avec André et où il forma son affreux complot. C'est dans cette maison qu'ils passèrent la nuit ensemble et qu'Arnold changea de vêtements. C'est là que la liberté de l'Amérique fut marchandée et vendue ; c'est là que le hasard qui décide toujours des plus grands intérêts, déconcerta cet horrible projet, et que satisfait d'immoler l'imprudent André, il ne prévint le crime qu'en sauvant le criminel. En effet, André repassait tranquillement la rivière pour se rendre à New-York par les Plaines-Blanches si les coups de canon tirés par la frégate lui avaient fait craindre la rencontre des troupes américaines. Il crut à la faveur de son déguisement trouver plus de sûreté sur la rive droite ; à quelques milles de là, il fut arrêté ; à quelques milles plus loin il trouva la potence ".

Le major André a été enterré dans l'abbaye de Westminster. Un fresque en marbre orne son tombeau. Par trois fois la tête d'André qui se trouve sur ce monument a été sciée et enlevée. Le dernier acte de vandalisme fait sur la sépulture du malheureux major eut lieu pendant que le révérend docteur Bridge prêchait à l'abbaye.

" — La maison de Smith où s'est tramé le complot est punie par la solitude. Son maître est en prison et sa propriété est tellement abandonnée qu'il n'y est pas même resté un seul gardien, quoiqu'il y ait une grosse ferme qui en dépende ".

Peu après sa trahison, Arnold faillit tomber entre les mains de ceux qu'il avait renié. Tout de même en retraitant il avait fait quelques prisonniers.

— Qu'eussiez-vous fait de moi, dit-il à l'un de ceux qu'il avait pris ?

— Nous aurions séparé de ton corps la jambe qui a été brisé au service de ta patrie, répondit celui-ci, et nous aurions pendu le reste.

Blessé au siège de Québec, il reçut à la même jambe une blessure grave lors de la reddition du général Bourgoyne.

Ce qui perdit Arnold fut son amour du luxe et l'argent. Tout le temps qu'il commanda à Montréal, il traita cette ville comme les Romains avaient l'habitude d'en agir avec les cités prises d'assaut. Il vola, pilla, pressura, emprisonna. Nommé commandant à Philadelphie, il emporta ses habitudes de soudard et de pillard. Un jour la coupe devint pleine. Il fut mis en accusation et condamné à la censure. Washington fit venir le coupable.

" — Notre profession, lui dit-il, est la plus chaste de toute. L'ombre d'une faute ternit l'éclat de nos plus belles actions. La moindre négligence peut nous faire perdre cette faveur publique si difficile à obtenir. *Je vous réprimande pour avoir oublié qu'autant vous vous étiez rendu terrible à vos ennemis, autant vous deviez être modéré envers vos concitoyens ;* montrez-nous de nouveau ces belles qualités qui vous ont mis au rang de mes plus illustres généraux ; je vous donnerai moi-même autant que je le pourrai, les occasions de recouvrer l'estime dont vous avez joui ".

Ces paroles mordirent au cœur d'Arnold ; il prit la détermination de trahir, ce qu'il fit moyennant le don de trente mille louis sterlings et le grade de brigadier général dans l'armée anglaise [1]. En 1795 le roi d'Angleterre lui donna 13,400 acres de terre au Canada.

Dégoûté de toutes les avanies qu'on lui faisait, Benedict Arnold vint s'établir à Saint-Jean du Nouveau-Brunswick. Mon collègue de la Société Royale, le savant M. James LeMoine, me donne à son sujet la note suivante :

" De 1786 à 1794, Arnold tint une épicerie à Saint-Jean, mais en cette dernière année il fut contraint de déguerpir. Il s'embarqua pour les Iles où il ne fut pas plus heureux, et revint mourir à Londres, en janvier 1801. Il laissa deux fils pour porter son triste nom, Richard et Henry ".

---

1 — *Vide* Complot d'Arnold, page 87.

4

Arnold fut le seul officier américain qui abandonna la cause de l'indépendance et qui tourna l'épée contre son pays. Il traîna une vie déshonorée chez la nation anglaise qui lui imputait la perte de ses colonies américaines et la plupart des officiers anglais, jaloux de leur dignité lui tournaient le dos.

Judas avait trahi pour trente deniers; Lopez avait vendu Maximilien à Juarez pour trente mille louis, et Arnold voulait livrer les Etats-Unis pour la même somme. Pourquoi ce chiffre trente est-il donc tant recherché par les traîtres ?

Au cours de son voyage, Chastellux voulut voir le qurtier-général de *Son Excellence*. C'est ainsi que l'on désignait Washington à l'armée et dans toute l'Amérique. Cornwallis appelait familièrement la Fayette " *the Boy* ", ce qui n'empêcha pas tout de même le moutard de lui donner bien du fil à retordre pendant la brillante campagne qui se termina par la capitulation de Yorktown.

Les quartiers de la Fayette étaient désignés sous le nom de *Camp du marquis*. On ne pouvait pas mener une révolution d'une façon plus aristocratique.

Voilà Chastellux chez Washington.

"— M. de la Fayette causait dans la cour avec un grand homme de cinq pieds et neuf pouces, d'une figure noble et douce ; c'était le général lui-même. Ses compliments furent courts ; le sentiment qui m'animait et la bienveillance qu'il me témoignait n'était pas équivoques. Il me conduisit dans sa maison, où je trouvai qu'on était encore à table quoique le dîner fut fini depuis longtemps. On apporta pour moi et mes aides de camp un nouveau dîner; l'ancien fut prolongé pour me tenir compagnie. Quelques verres de claret et de madère accélérèrent les connaissances que j'avais à faire et bientôt je me trouvai à mon aise près du plus grand et du meilleur de tous les hommes. Sa bonté et la bienveillance qui le caractérisent se font sentir dans tout ce qui l'environne; mais la confiance qu'il fait naître n'est jamais familière car le sentiment qu'il inspire a dans tous les individus le même origine, une estime profonde pour ses vertus et une grande opinion de ses talents ".

Chastellux donne de curieux détails sur la manière de vivre de Washington. La scène se passe au quartier général. Il a fait un temps de chien toute la journée : laissons parler le chevalier.

" — Notre revue était faite, je vis avec plaisir que le général Washington déterminait son cheval au grand galop pour regagner son quartier. Nous nous y rendîmes aussi vite que les mauvais chemins pouvaient nous le permettre. A notre retour nous trouvâmes un bon dîner tout prêt et une vingtaine de convives parmi lesquels étaient les généraux Howe et Sainte-Claire. Le repas était à l'anglaise, composé de huit ou dix grands plats, tant de viande de boucherie que de volaille, accompagnés de liqueurs de plusieurs espèces et suivi d'un second service de pâtisseries comprises toutes sous ces deux dénominations : " *pies and puddings* ". Après ces deux services, on ôta la nappe et on servit des pommes et beaucoup de noisettes dont le générel Washington mange ordinairement pendant deux heures, tout en *toastant* et en faisant de la conversation. Ces noisettes sont petites, sèches et couvertes d'une écorce si dure que le marteau seul peut les casser ; on les sert à demi-ouvertes et on ne finit pas d'en éplucher et d'en manger. La conversation fut tranquille et agréable. Son Excellence voulut bien entrer avec moi dans quelques détails sur les principales opérations de la guerre ; mais toujours avec une modestie et une concision qui prouvaient que c'était par pure humilité qu'il consentait à parler de lui.

« Vers 7 heures et demie, nous nous levâmes de table, et aussitôt les domestiques vinrent la démonter pour la raccourcir et lui faire faire un quart de conversion ; car à l'heure du dîner on la mettait en diagonale pour avoir plus d'espace. Je parus étonné de cette manœuvre et j'en demandai la raison. On me dit qu'on allait mettre le couvert pour le souper. Au bout d'une demi-heure, je me retirai dans ma chambre craignant que le général n'eût quelque chose à faire et ne resta avec la compagnie que par égard pour moi ; mais au bout d'une demi-heure, on vint me dire que Son Excellence m'attendait pour souper. Je retournai dans la salle à manger, protestant de toutes mes forces contre ce souper ; mais le général dit qu'il était habitué à prendre quelque chose le soir ; que si je voulais seulement m'asseoir, je mangerais quelques fruits et je ferais la conversation. Je ne demandais pas mieux, car alors il n'y avait plus d'étrangers et il ne restait que l'état-major *(family)* du général. Le souper était composé de quatre plats légers, de quelques fruits et surtout d'une abondance de noisettes qui ne

furent pas plus mal reçus le soir que le matin. La
nappe ayant été bientôt enlevée, quelques bouteilles de
bon vin de Bordeaux et de Madère furent placées sur
la table. Tout homme sensé pensera sans doute qu'étant
officier général français aux ordres de Washington, je
ne pouvais pas refuser un verre de vin lorsqu'il me
l'offrait ; mais j'avouerai que j'avais peu de mérite à
cette complaisance et que moins accoutumé à boire que
personne, je m'accommode très bien de la *toast* anglaise.
On a de très petits verre, on verse soi-même la quantité
de vin qu'on veut sans qu'on vous presse d'en prendre
davantage, et le toast n'est qu'une espèce de refrain
placé dans la conversation pour avertir que chaque individu fait partie de la compagnie et que le total forme
société. J'observais qu'au dîner les toasts avaient plus
de solennité. Il y en avait plusieurs d'étiquette et les
autres étaient suggérées par le général et annoncées par
les aides de camp qui faisaient les honneurs du dîner ;
car chaque jour il y en a un qui se place au bout de la
table près du général, pour servir de tous les plats et
distribuer les bouteilles. Or, le soir les toasts étaient
indiqués par le colonel Hamilton, et il les donnait
comme elles venaient sans ordre et sans étiquette. A la

fin du souper on ne manque guère de demander aux convives de donner un *sentiment*, c'est-à-dire une femme à laquelle ils soient attachés par quelques sentiments, soit amour, amitié ou simple préférence. Ce souper ou cette conversation durait communément depuis neuf heures jusqu'à onze heures du soir, est toujours libre et toujours agréable ".

" Le 26, le temps était devenu très beau, je montai à cheval après avoir déjeuné avec le général. Il eut l'attention de me faire donner ce jour-là le cheval qu'il montait la surveille, et dont j'avais fait beaucoup d'éloges. Je le trouvai aussi bon qu'il est beau ; mais surtout parfaitement dressé, bien assis, ayant la bouche bonne, les aides fines et s'arrêtant tout court au galop sans gueuler ni peser sur le mord. J'entre dans ce détail qui paraît minutieux, parce que c'est le général lui-même qui dresse tous ses chevaux, qu'il est très bon et très hardi cavalier, sautant les barrières les plus hautes, et allant très vite, le tout sans se guinder sur ses étriers, tirer sur le bridon et laisser courir son cheval comme un égaré, chose que nos jeunes gens regardent comme une partie tellement essentielle de l'équitation anglaise, qu'ils aiment mieux se casser les bras et les jambes que d'y renoncer ".

Et continuant à parler de Washington, Chastellux ajoute :

" Sa taille est noble et bien élevée, bien prise et exactement proportionnée ; sa physionomie douce et agréable, mais telle qu'on ne parlera en particulier, d'aucun de ses traits, et qu'en le quittant il restera seulement le souvenir d'une agréable figure. Il n'a l'air ni grave ni familier ; on voit quelquefois sur son front l'impression de la pensée, mais jamais celle de l'inquiétude ; en inspirant le respect, il inspire la confiance et son sourire est toujours celui de la bienveillance.

" C'est surtout au milieu des officiers généraux de son armée qu'il est intéressant de le voir. Général dans une république, il n'a pas le faste imposant d'un maréchal de France qui donne l'ordre [1] ; héros dans une république, il excite une autre sorte de respect qui semble naître de cette seule idée, que le salut de chaque individu est attaché à sa personne. Au reste, je dois dire que les officiers généraux de l'armée américaine

---

1 — Stone dans son livre " *Our French Allies* " assure qu'à Newport, Washington en passant l'inspection des troupes françaises portait les insignes de maréchal de France. *Vide* page 375 à 378

ont un maintien très militaire et très décent ; que même tous les officiers que leurs fonctions mettent en évidence, joignent beaucoup de politesse et beaucoup de capacité ; enfin que le quartier général de cette armée n'offre l'image ni de l'expérience ni du besoin. Quant on voit le bataillon des gardes du général, campé dans l'enceinte de sa maison, neuf chariots destinés à porter ses équipages rangés dans sa cour, un grand nombre de palefreniers gardant de très beaux chevaux appartenant aux officiers généraux et à leurs aides de camp, lorsqu'on observe l'ordre parfait qui règne dans cette enceinte, où les gardes sont exactement posées, et où les tambours battent un réveil et une retraite particulière, on est tenté d'appliquer aux Américains ce que Pyrrhus disait des Romains : " *En vérité, ces gens-là n'ont rien de barbare dans leur discipline* ".

Plus tard Chastellux devait revoir Washington au quartier général de Newborough. Il trouve là monsieur et madame Washington, le colonel Tigham, le colonel Humphrey, le major Walker et la belle demoiselle Ellory que le père de la patrie venait de sauver de la grippe en lui faisant prendre des oignons bouillis dans la mélasse

Chastellux ne tarit pas d'éloges sur la simplicité du général.

" Le quartier de Newborough, dit-il, consiste d'une seule maison, et cette maison qui est construite à la hollandaise n'est ni vaste ni commode. La plus grande pièce qu'elle contienne, qui est celle où se tenait la famille du propriétaire et dont le général Washington a fait sa salle à manger. Elle est à la vérité assez spacieuse, mais elle à sept portes et une seule fenêtre. La cheminée, ou pour mieux dire, la plaque de la cheminée est contre la muraille, de sorte qu'il n'y a dans le fait qu'un tuyau de cheminée et que le feu est dans la chambre même. Je trouvai en arrivant la compagnie rassemblée dans une assez petite pièce qui servait de parloir. A neuf heures on servit le souper et lorsqu'il s'agit de s'aller coucher, je reconnus que la chambre où le général Washington me conduisit était précisément ce même parloir où il venait de faire tendre un lit de camp.

" Le lendemain matin nous nous rassemblâmes à dix heures pour déjeuner et pendant ce temps-là on replia le lit de camp et ma chambre redevint salle de compagnie pour tout l'après-dîner ".

A quelque temps de là, Chastellux couchait dans une "belle auberge tenue par M. Williams. L'enseigne de cette hôtellerie est une emblème philosophique ou si vous voulez *politique :* elle représente un castor qui travaille avec ses petites dents à abattre un gros arbre et au-dessous est écrit *"perseverando"*.

Dans ce cas-là, à 112 ans de distance, le castor jouait déjà un rôle, sinon éclatant, du moins tenace et persévérant dans la politique de l'Amérique du Nord. Où sont donc les choses nouvelles sous le soleil ?

Dans sa marche sur Barrenhill, la colonne du général Howe s'envint donner dans les postes avancés de M. de la Fayette. Il en résultat, dit Chastellux, une aventure assez comique. Les cinquante sauvages qu'on lui avait donné étaient placés dans un bois et embusqués à leur manière, c'est-à-dire rasés comme des lapins. Cinquante dragons anglais qui n'avaient jamais vu de sauvages, en marchant à la tête de la colonne entrèrent dans le bois où étaient cachés ceux-ci, qui de leur côté n'avaient jamais vu de dragons ... les voilà qui se lèvent tout à coup, faisant un cri horrible, jettent leurs armes et se sauvent vers la Skuylkill qu'ils passent à la nage ; et voilà que d'un autre côté les dragons tout aussi effrayés tournent de la tête à la queue et s'enfuirent avec une telle épouvante qu'on ne put les arrêter qu'à Philadelphie.

Les paysages, les beautés naturelles, l'agriculture, les mœurs, les coutumes, rien n'échappe à Chastellux.

" C'était toujours, disait-il, un nouveau plaisir pour moi et mes aides de camp, lorsque livrés à nous-mêmes et en parfaite liberté, nous pouvions nous rendre compte mutuellement des impressions que tant d'objets divers nous laissaient ".

A Rhynbeck, il entra dans l'auberge appelée *Thomas' inn*.

" Il n'était cependant que deux heures et demie ; mais voyant que j'avais déjà fait vingt-trois milles, que la maison était bonne, le feu bien allumé, l'hôte, un grand homme de bonne mine, chasseur, maquignon et disposé à causer, je me décidai, selon l'expression anglaise, à *dépenser* le reste de ma journée. Voici tout ce que j'ai tiré de plus intéressant de ma conversation avec M. Thomas. En temps de paix il faisait un grand commerce de chevaux qu'il achetait au Canada et qu'il envoyait à New-York pour les faire passer aux Indes Occidentales. Il est presque incroyable avec quelle facilité on fait ce commerce en hiver : il m'a assuré qu'une fois il n'avait mis que quinze jours à aller à Montréal et en ramener 75 chevaux qu'il avait achetés. C'est qu'on va toujours tout droit, traversant sur la glace le lac George, et sur la neige le désert qui est entre le lac et Montréal. Ces chevaux du Canada marchent aisément dix-huit à vingt heures par jour et deux ou trois hommes montés suffisent pour en chasser une centaine devant eux.

" C'est moi, ajoute M. Thomas, qui ait fait ou plutôt qui ai rétablie la fortune de ce coquin d'Arnold. Il avait mal conduit ses affaires dans le petit commerce qu'il faisait à New-Haven. Je lui persuadai d'acheter des chevaux en Canada et de les aller vendre lui-même en Jamaïque. Cette seule spéculation a suffi pour payer ses dettes et le remettre à flot.

" Après avoir parlé commerce, nous parlâmes agriculture ; il me dit qu'aux environs de Rhynbeck la terre était d'une extrême fécondité et que pour un boisseau de blé qu'ils semaient, ils en recueillait trente et quarante. Le blé est si abondant, qu'on ne se donne pas la peine de le sayer ; on le fauche comme le foin. Quelques chiens de belle race qui allaient et revenaient réveillèrent ma passion pour la chasse. Je demandai à **M.** Thomas quel usage il en faisait ; il me dit qu'il s'en servait seulement pour chasser le renard ; que les chevreuils, les cerfs, les ours étaient assez communs dans le pays, mais qu'on ne les tuait quère qu'en hiver, soit en suivant leurs traces sur la neige, soit en traquant les bois. Toute conversation américaine doit finir par la politique... Il était très attaché à une opinion que j'ai trouvé répandue dans tout l'Etat de New-York ; c'est qu'il n'est point d'expédition plus utile et plus facile que la conquête du Canada. On ne peut pas se figurer l'ardeur qu'ont encore tous les habitants du Nord pour recommencer cette entreprise. La raison en est que leur pays est si fécond et si heureusement placé pour le commerce qu'ils sont sûrs de devenir très riches, dès qu'ils n'auront plus à craindre des sauvages ; or les sauvages ne sont redoutables que parce qu'ils sont soutenus et animés par les Anglais ".

Mais n'anticipons pas sur les événements. Ici nous allons toucher à l'une des parties les plus importantes des mémoires de Chastellux. Elle concerne le Canada et mentionne un projet d'invasion de notre pays qui a passé inaperçu jusqu'à présent et semble avoir été ignoré par la plupart de nos historiens.

II

LES INVASIONS PROJETÉES DU CANADA

Chastellux est devenu l'hôte du général Schuyler, à Albany, il est accompagné par son ami et subalterne le vicomte de Noailles.

"— Nous avons parlé l'avant-veille, dit-il, de quelques faits assez importants relatifs aux campagnes du Nord, sur lesquels nous avons demandé quelques éclaircissements. Schuyler n'avait pas paru moins empressé de nous les donner. Il est assez communicatif et il a raison de l'être. Sa conversation est aimable et facile ; il sait bien ce dont il parle et parle bien de ce qu'il fait. Pour mieux répondre à nos questions, il nous propose de nous faire lire sa correspondance politique et militaire avec le général Washington. Nous l'acceptâmes avec grand plaisir et laissant le reste de la compagnie avec monsieur et madame Hamilton, nous passâmes du salon dans une autre pièce. Le général ayant ouvert son portefeuille, nous nous partageâmes, le vicomte et moi, différents manuscrits qui renfermaient plus de soixante pages de petite écriture sur papier à la tellière. La première dépêche que je lus, était une lettre qu'il écrivit au général Washington au mois de novembre 1777 ; elle renfermait un plan d'attaque sur le Canada, et voici ce qui en avait donné l'idée :

" — Deux officiers anglais, après avoir été faits prisonniers avec l'armée de Bourgoyne avaient obtenu la permission de retourner en Canada sur leur parole, et en chemin s'étaient arrêté à Saratoga, chez le général Schuyler. La conversation, comme on peut le croire aisément, tomba sur le grand événement dont l'impression était encore récente. L'un de ces officiers étant attaché au général Bourgoyne, inculpa le gouverneur Guy Carleton et l'accusa d'avoir gardé trop de troupes en Canada ; l'autre soutint qu'il n'en avait pas même assez conservé pour la défense du pays. De l'assertion on en vint aux preuves, et ces preuves ne pouvaient être qu'un détail exact des troupes qui restaient alors en Canada et de la manière dont elles étaient placées. Le général Schuyler était attentif et faisait son profit de la dispute. Il apprit ainsi que le Canada était véritablement compromis ; en conséquence il proposa au général Washington de surprendre Ticondéraga, en cas que ce poste ne fut pas abandonné, comme il l'a été effectivement, et de se porter ensuite jusqu'à Montréal. Ce plan est très bien fait et montre une grande connaissance du local. Ce qui m'a paru le plus digne d'attention, c'est l'immensité des ressources qu'on peut trouver dans le pays pour une expédition d'hiver et l'extrême facilité avec laquelle une armée peut avancer rapidement, au moyen de traîneaux qui portent les vivres les munitions, et même les soldats malades et écloppés. En un mois de temps il est possible de rassembler entre la rivière Hudson et celle de Connecticut 1500 traîneaux, 2000 chevaux et autant de bœufs ; ces derniers peuvent être ferrés à glace comme les chevaux. Ils servent à tirer les traîneaux chargés de provisions et à mesure que celles-ci s'épuisent, ou qu'ils commencent à fatiguer, on les tue pour la nourriture de l'armée. D'ailleurs, il ne faut pas croire que ces expéditions soient aussi pénibles qu'on a coutume de se le figurer ; avec une chaussure et un habillement convenable, qu'il était facile de se procurer lorsque les finances et les moyens du pays n'étaient pas épuisés — les soldats supportent très bien de longues marches, et comme ils passent toujours la nuit dans les bois, ils font aisément des abris et allument des grands feux près desquels ils dorment mieux

5

que sous des tentes. On doit observer que si le froid est rigoureux dans ces contrées, ce froid est toujours sec et qu'il est plus aisé de s'en garantir que de l'humidité ".

" Le général Schuyler ne reçut pas de réponse à cette lettre et il n'a jamais su à qui en était la faute. Cependant M. de la Fayette vint à Albany au mois de janvier pour commander une expédition semblable à celle qui avait été préparée. Il montra ses instructions au général Schuyler qui reconnut tout son plan, dont il supposa que quelqu'un avait voulu se faire honneur ; mais comme aucun ordre n'était arrivé, il n'avait fait aucun préparatif. On en avait pas fait davantage du côté du Connecticut, de sorte que M. de la Fayette, quelqu'agréable que fut pour lui cette expédition, eut assez de raison et d'attachement aux intérêts de l'Amérique pour en faire voir les difficultés et en détourner le Congrès ".

Stone dans son livre " *Our French Allies* "—volume I, page 177—affirme carrément que ce commandement ne fut offert au marquis de la Fayette par le général Gates que pour le séparer du général Washington qui l'aimait beaucoup, et qui le lui rendait. Gates était jaloux du général en chef et se croyait de force à le supplanter.

" — L'hiver arrivant, après l'évacuation de Philadelphie et l'affaire de Montmouth, le général Washington, toujours plus préoccupé à mettre un terme aux malheurs de sa patrie que de prolonger le rôle brillant qu'il joue en Amérique, écrivit à Schuyler pour le consulter sur une expédition en Canada et sur les moyens de la faire avec succès. En réponse à cette lettre, celui-ci lui envoya un mémoire parfaitement conçu et très bien écrit, par lequel il propose trois plans différents. Le premier est de rassembler des troupes près des sources du Connecticut, dans un endroit qu'on appelle Cohoes [1] ; de là il n'y a qu'un portage assez court pour gagner la rivière qui tombe dans le fleuve Saint-Laurent au-dessous du lac Saint-Pierre et près de Québec. Mais ce plan serait difficile à exécuter, parce que les moyens ne sont pas très abondants sur la rivière Connecticut, et que l'on aurait de grandes difficultés à en approcher ceux qui se trouvent sur la rivière Hudson et sur celles des Mohawks ; sans compter que

---

1 — Chastellux épelle ce nom de ville Coos.

l'on porterait ainsi l'attaque dans le sein des troupes anglaises et trop près de la mer dont elles tirent leur secours. Le second projet est de remonter la rivière des Mohawks, de s'embarquer ensuite sur le lac Onéida et de traverser le lac Ontario pour aller vers l'ouest assiéger Niagara, puis retourner sur ses pas, descendre le fleuve et attaquer Montréal par le nord. Le général Schuyler y trouve deux grands inconvénients : l'un est le long circuit qu'on serait obligé de faire et qui donnerait aux Anglais le temps de rassembler leurs troupes au point de l'attaque ; l'autre est l'impossibilité de leur donner le change en les menaçant du côté du lac Champlain et de Sorel, puisque les préparatifs sur la rivière des Mohawks, et à l'ouest de l'Hudson, ne pourraient manquer de déceler tout le système de la campagne. C'est donc par le lac Champlain et pendant l'hiver, que le général Schuyler voudrait marcher sur Montréal ; sans y marcher directement, laissant le fort Saint-Jean sur la droite et remettant au printemps l'attaque de ce fort dont on ne s'assurerait qu'après s'être emparé de l'île de Montréal et de tout le pays d'en haut ; alors il serait aisé de masquer son véritable objet, parce qu'on peut assembler ces moyens sur les deux rivières d'Hudson et du Connecticut ; le renversement de l'une à l'autre étant assez facile. Ainsi l'ennemi aurait à craindre à la fois pour Québec, Saint-Jean et pour Montréal. Dans cette supposition, il y a apparence qu'ils sacrifieraient plutôt Montréal. Là on pourrait former un établissement avantageux et se préparer à l'attaque de Québec ; mais en cas qu'on fût obligé d'y renoncer, la retraite serait toujours facile par la *Beaver hunting place* [1] et par le lac Champlain. Tel est l'objet de cette longue dépêche que je lus avec beaucoup d'attention et avec beaucoup de plaisir et dont j'essaye de donner quelques idées, persuadé que cet article de mon journal ne sera pas dénué d'intérêt pour les militaires.

" A la lecture de ce Mémoire, succéda celle de la réponse que fit le général Washington. Il y témoigne la plus grande confiance au général Schuyler ; ensuite il entre en discussion avec lui, et propose ses réflexions

---

1 — Proprement *le lieu où l'on chasse les castors.* C'est le nom qu'on donne dans les cartes anglaises aux déserts qui sont situés entre le lac Ontario, le fleuve Saint-Laurent, les lacs George, Champlain et la rivière de Sorel. — *Noté du chevalier de Chastellux.*

avec une modestie aussi aimable qu'estimable. Il pense que l'expédition du lac Ontario peut être rejetée trop légèrement; qu'il lui serait facile de favoriser l'attaque de Niagara par une diversion qu'il opérerait sur le lac Erié, en faisant marcher les troupes de Virginie du côté de l'Ohio et du fort Pittsburg; il demande s'il ne serait pas possible de construire des bateaux sur la rivière d'Hudson et de les transporter ensuite sur des chariots jusqu'à celle des Mohawks. On voit que son objet est de lever une des principales objections que j'ai rapportées; celle que les préparatifs de cette expédition en décélerait trop le véritable but.

« Tous les autres points sont discutés avec sagesse et précision, ce qui inspire encore plus la curiosité et d'intérêt pour la réplique du général Schuyler. Celle-ci est digne et de l'importance de l'objet et du grand homme auquel elle est adressée. Schuyler persiste dans son opinion, et toujours attaché par son projet d'attaquer par le lac Champlain, il prouve que son projet peut s'exécuter en été comme en hiver. Tout dépend d'après lui d'avoir la supériorité navale. Il pense qu'on peut aisément l'obtenir en construisant des vaisseaux plus grands que ceux des Anglais, et il est persuadé que deux vaisseaux de cinquante canons suffiraient pour l'assurer. C'est à tort, dit-il, que l'on craint la navigation des lacs et qu'on n'ose pas leur confier de gros navires. Sur tous ces objets il parle en homme entreprenant, mais instruit et capable d'exécuter ce qu'il propose. Je terminai cette séance par la lecture d'un projet de campagne contre les sauvages, différent de celui qui fut adopté par le Congrès en 1779, et dont l'exécution fut confiée au général Sullivan. Suivant le premier, 500 hommes seulement auraient marché par Vioming et Tioga, tandis que le reste de l'armée aurait débouché par le haut de la rivière des Mohawks et se serait porté sur le lac Onéida pour prendre les sauvages par les derrières et leur couper la retraite par le lac Ontario ; ce qui m'a paru beaucoup plus raisonnable, parce que de cette façon on remplissait le double objet de détruire les sauvages et d'éviter au principal corps d'armée une longue et pénible marche à travers le *Great-Swamp* ou le grand marais de Vioming.

" Pour entendre tout ceci, il faut se rappeler qu'en 1779, le Congrès voyant les ennemis confinés à New-York et à Rhode-Island, pensa qu'il pourrait épargner un corps d'armée de 3000 à 4000 hommes pour l'envoyer contre les Cinq-Nations dont on avait éprouvé mille cruautés. On espérait les enlever ou les détruire et soulager ainsi tout le pays qui se trouve entre la Susquehannah et la Delaware. Le général Sullivan, après avoir pris toutes sortes de précautions pour assurer la subsistance et conserver la santé de ses soldats, fit une marche très longue et très savante, poussa les sauvages devant lui, et brûla leurs villages et leurs récoltes. Mais ce fut là tout le fruit de son expédition. En effet il ne put parvenir à les couper ; le corps du général Clinton qui avait débouché par la rivière des Mohawks, s'était trouvé trop faible pour agir de lui-même, et avait été obligé de se joindre au gros de l'armée.

" Il était dix heures du soir lorsque j'eus fini ma lecture ; je continuai à causer avec le général Schuyler, tandis qu'on soupait. Il s'en fallait beaucoup que je fusse en état de raisonner sur tous les objets qu'il avait fait passer sous mes yeux. Je me contentai d'observer que toute expédition contre le Canada qui ne serait que partielle et qui ne tendrait pas à la conquête ou plutôt à la délivrance de ce, pays, serait dangereuse et de peu d'effet, puisqu'elle ne serait fortifiée par aucun concours de la part des habitants, ceux-ci ayant été trompés dans leur attente lors de l'entreprise de Montgomery, et devant craindre le ressentiment des Anglais, s'ils se montraient encore une fois favorables aux Américains. Je vis avec plaisir qu'il était parfaitement de mon avis. Nous nous séparâmes donc très contents l'un de l'autre et je retournai chez moi attendre ce que le temps qu'il ferait pendant la nuit déciderait pour la journée suivante ".

Ce plan d'invasion du Canada développé par le général Schuyler fut toujours étudié par les politiques éminents américains du siècle dernier.

D'un autre côté l'invasion du Canada fut aussi toujours redoutée par les Anglais. La dépêche suivante adressée par lord George Germaine à sir Henry Clinton, dépêche qui fut publiée dans un journal de New-York de l'époque, ne le prouve-t-elle pas ?

" — Nous avons reçu des nouvelles au sujet de l'armement, qui se fait à Brest. Ces renseignements ont répandu la terreur à Terreneuve, à Halifax, et au Canada. Ce dernier pays, croyons-nous, sera l'objectif de l'ennemi. Les Américains sont toujours dans l'expectative de cette invasion. Ils se concertent pour y prendre part. De plus des espérances ont été données aux Canadiens de revoir encore flotter le drapeau de France chez eux. Tout concourt à nous faire croire à cette expédition ; le retour du marquis de la Fayette à Boston, la nature des uniformes distribués, les armes, l'argent que l'on accumule, les provisions que l'on commence à distribuer aux troupes, tout est là pour prouver que l'ennemi va se diriger de ce côté-là. Des mesures ont été prises pour frustrer ces projets. Nous espérons qu'avant la réception de cette dépêche vous aurez envoyé des renforts au général Haldimand, chose que vous n'avez pas faite l'an dernier ".

En France on ne pensait guère ainsi. Dans une lettre communiquée au roi, M. de Maurepas présent, et approuvée à Versailles, le 26 août 1775, il était dit :

" — La France a des colonies dans la proportion qui convient à sa population et à son industrie. Plus, serait une charge plutôt qu'un bénéfice. Si la perte du Canada lui a été sensible, elle doit la moins regretter depuis que l'abandon qu'elle a été obligée d'en faire est devenue le signal de la révolte des provinces anglaises sur le continent ".

Cette détermination du roi n'empêchait pas Silas

Deane " pour lui-même et au nom de Franklin, commissaire plénipotentiaire des Etats-Unis de l'Amérique septentrionale ", de revenir à la charge le 18 mars 1777.

" — On propose de tenter avec les forces réunies de la France et des Etats-Unis la conquête du Canada, de la Nouvelle-Ecosse, de Terreneuve, de Saint-Jean, des Florides, des Bermudes, des Bahamas et de toutes les autres îles qui sont maintenant au pouvoir de la Grande-Bretagne, et en cas de succès, la moitié des pêcheries de Terreneuve et toutes les îles à sucre appartiendront désormais à la France et le surplus des conquêtes appartiendra aux Etats-Unis, et le commerce entre les domaines du roi et des Etats-Unis sera désormais fait exclusivement par les vaisseaux des dits domaines Français et des Etats américains.

" Plus tard en 1779, le Congrès approuvera son comité quand résumant ses raisons devant l'assemblée, il dira :

"— Le Congrès ne peut pas avec un degré de confiance proportionnée à la grandeur de l'objet, décider de la particularité de sa coopération pour la campagne prochaine dans une entreprise pour l'émancipation du Canada. Néanmoins on fera tous les préparatifs qui seront en notre pouvoir pour agir avec vigueur contre l'ennemi commun, et on embrassera avec ardeur tous les incidents favorables, pour faciliter et hâter l'indépendance du Canada et son union avec les Etats-Unis, événement que le Congrès a fortement à cœur, tant pour des motifs de politique relativement aux Etats-Unis que par son affection pour ses frères du Canada ".

A quelques jours de là, le plénipotentiaire français Gérard écrivait :

" — Je viens de lire une très longue lettre du général Washington dans laquelle il discute le plan pour la conquête du Canada. En voici en abrégé les résultats : que le Congrès ne doit pas se compromettre et risquer d'aliéner la confiance du roi en faisant un contrat national qu'il ne pourrait pas remplir à la lettre ; que les faits journaliers et l'expérience prouvent que les ressources des Etats-Unis ne sont pas suffisantes pour une entreprise aussi hasardeuse et aussi dispendieuse ; que l'évacuation de New-York et de Rhode-Island malgré quelque apparence lui paraît incertaine ; que tant que cette évacuation ne sera pas exécutée, l'entreprise projetée sera totalement impossible, mais que quand elle aurait même lieu les difficultés locales, les dépenses et la disette d'hommes rendrait cette expédition supérieure aux efforts des Etats-Unis. Le général Washington propose en conséquence de demeurer en liberté de faire les entreprises que les circonstances et les possibilités des moyens indiqueront".

Dans son mémoire pour servir d'instruction à Gérard, secrétaire du conseil d'Etat allant résider de la part du roi auprès du Congrès général de L'Amérique septentrionale, Vergennes dit :

" — Les députés du Congrès auraient proposé au roi de favoriser la conquête que les Américains entreprenaient du Canada, de la Nouvelle-Ecosse et des Florides, et il y a lieu de croire que ce projet tient fort à cœur au Congrès. Mais le roi considère que la possession de ces trois contrées, ou du moins du Canada par l'Angleterre serait un principe utile d'inquiétude et de négligence pour les Américains ; qu'il leur fera sentir d'avantage tout le besoin qu'ils ont de l'amitié et de l'alliance du roi et qu'il n'est pas dans son intérêt de le détruire. D'après cela, Sa Majesté pense qu'elle ne doit prendre aucun engagement relativement à la conquête dont il s'agit".

Plus tard encore, de Vergenne écrit de nouveau :

" — Vos instructions renferment un article où il est parlé du Canada, de la Nouvelle-Ecosse, des Florides et de la pêche de Terreneuve. Nous avons toujours pensé et nous pensons encore qu'il sera utile de conserver le Canada et même la Nouvelle-Ecosse à l'Angleterre, et que s'il fallait procurer une acquisition dans cette partie de l'Amérique aux Etats-Unis il faudrait donner la préférence à la Nouvelle-Ecosse ".

Et un peu plus loin il ajoute :

" — Le Canada sera un autre objet de discussion ; vous savez que les Américains sont entichés de la conquête de cette province et il y a apparence qu'il leur en coûtera de se détacher de ce projet ; mais outre que nos idées à cet égard ne s'accordent pas avec les leurs, nous pensons que la paix ne doit point dépendre d'une cause aussi secondaire, et que le seul point qui importe aux Etats-Unis c'est de faire reconnaître leur indépendance par la Grande-Bretagne ".

En ce même moment, c'est-à-dire en avril 1775, les Américains oublieux s'empressèrent de déléguer à Montréal, Benjamin Franklin, Chase membre du Congrès, et le père Carroll pour s'aboucher à propos de la prise du Canada avec les Canadiens-français.

Ecoutez ce que dit de ce projet notre grand historien Garneau :

" — Les prêtres firent observer au P. Carroll que depuis l'acquisition du Canada par la Grande-Bretagne, les habitants n'avaient eu à se plaindre d'aucune agression ; qu'au contraire, le gouvernement avait fidèlement rempli toutes les stipulations des traités ; qu'il avait couvert de sa protection les anciennes lois et les anciennes coutumes, et laisser subsister l'organisation judiciaire française et les formes de leurs procédures avec une attentien scrupuleuse, qui méritait leur respect et leur gratitude. Carroll répliqua que ce congrès avait expressément déclaré que si les Canadiens voulaient se réunir aux provinces qu'il représentait, leur culte et les biens des ordres religieux seraient respectés, et que les catholiques, au lieu d'être simplement tolérés, comme ils l'étaient par l'Angleterre, auraient les mêmes droits que les membres des autres religions. Quant à cela, dirent les prêtres canadiens, le gouvernement britannique ne nous laisse rien à désirer ; les monastères jouissent de leurs biens ; les missions fleurissent et l'autorité rend les honneurs militaires à nos cérémonies religieuses. D'après le principe que la fidélité est due à la protection, le clergé ne peut enseigner la doctrine que la neutralité est compatible avec ce qui est au gouvernement établi ".

On rappela aussi alors que Washington avait fait publier l'ordre du jour qui suit :

" — 5 novembre 1775. Le commandant en chef ayant appris qu'on a formé le dessein d'observer la ridicule et puérile coutume de brûler l'effigie du Pape, il ne peut pas s'empêcher d'exprimer sa surprise de voir que les officiers et les soldats de cette armée sont assez privés de sens commun pour ne pas comprendre l'imprudence d'une telle action dans les conjonctures présentes, pendant que nous sollicitons et que peut-être nous avons obtenu l'amitié et l'alliance du peuple canadien que nous devrions considérer comme un frère engagé dans la même cause : la défense de la liberté générale de l'Amérique. Dans ces circonstances une insulte à leur religion est si monstrueuse qu'elle ne peut être ni soufferte ni excusée. En vérité, au lieu de leur faire l'injure même la plus indirecte, il est bien plutôt de notre devoir de leur adresser des remerciements publics comme à des hommes envers qui nous avons contracté une dette pour le dernier succès contre l'ennemi commun dans le Canada ".

On était loin alors d'appliquer cette absurde loi du Massachusetts. Elle est datée du 12 décembre 1695. Elle se lit comme suit, nous dit l'abbé Casgrain :

" — Il est statué en vue de la sûreté publique, qu'aucun individu de nation française ne pourra exister ou résider dans aucun port de mer, ou dans aucune ville, frontière de cette province, excepté ceux qui y seront autorisés par le gouverneur et le conseil ".

Et le savant abbé continue ainsi :

" A l'arrivée des troupes françaises venues pour aider les Yankees à secouer le joug de l'Angleterre, les puritains de Boston invitèrent-ils ceux de Rhode-Island, qui s'assemblèrent en toute hâte pour répudier la loi qui défendait *sous peine de mort*, à tout catholique l'entrée de leur province ? On ne peut s'empêcher de sourire à la pensée de la figure que devaient faire ces Yankees en recevant les Français, dont ils venaient de décréter le jour même, l'entrée libre de leur pays. Quelques semaines après les *Elders* de Boston suivirent le crucifix porté en procession dans les rues de la ville. Ils

6

en avaient bien quelques remords, mais ces Français étaient si utiles ! C'étaient ces mêmes puritains qui s'étaient préparés à brûler le pape en effigie, lorsqu'ils en avaient été empêchés par Washington, et qui n'avaient cessé de demander à grands cris l'expulsion du seul missionnaire, accordé aux Acadiens de la Nouvelle-Ecosse, en disant, ainsi que l'affirme l'abbé Bailly, dans sa lettre le 28 avril 1771 :

" — L'établissement d'un prêtre y est une honte du présent règne ".

Monseigneur Briand s'opposa de toutes ses forces au mouvement anti-canadien que faisaient les Américains. Le prélat sut accentuer cette conduite dans une oraison funèbre, dite à Québec, le 27 juin 1794.

L'histoire raconte ainsi ce qui se passa alors :

" — Mgr Briand vit à peine les armes britanniques placées sur nos portes de ville, qu'il conçut en un instant que Dieu avait tranféré à l'Angleterre le domaine de ce pays, qu'avec le changement de possesseurs nos devoirs avaient changé d'objet ; que les liens qui nous avaient jusqu'alors unis à la France étaient rompus. que nos capitulations ainsi que le traité de paix de 1763 étaient autant de nœuds qui nous attachaient à la

Grande-Bretagne en nous soumettant à son souverain ; il aperçut, *ce que personne ne soupçonnait, que la religion elle-même pourrait gagner à ce changement de domination,* etc.

" Mgr Briand avait pour maxime qu'il n'y a de vrais chrétiens, de catholiques sincères, que les sujets soumis à leur souverain légitime. Il avait appris de Jésus-Christ qu'il faut rendre à César ce qui appartient à César ; de saint Paul, que tout âme doit être soumise aux autorités établies ; que celui qui résiste à la puissance résiste à Dieu même, et que par cette résistance il mérite la damnation ; du chef des apôtres, que le roi ne porte pas le glaive avec raison qu'il faut l'honorer par obéissance pour Dieu, *propter Deum,* tant en sa personne qu'en celles des officiers et magistrats qu'il députe, *sive ducibus tanquam ab eo missis.* Tels sont chrétiens disait l'évêque catholique du Canada, sur cette matière, les principes de notre sainte religion ; principes que nous ne saurions trop vous inculquer, ni vous remettre trop souvent devant les yeux, puisqu'ils font partie de cette morale évangélique à l'observance de laquelle est attaché votre salut. Néanmoins lorsque nous vous exposons quelquefois vos obligations sur cet article, vous murmurez contre nous, vous nous accusez de vues intéressées et politiques, et croyez que nous passons les bornes de notre ministère ! Ah ! mes frères, quelle injustice ! Avez-vous jamais lu que les premiers fidèles fissent de tels reproches aux apôtres, ou ceux-ci au Sauveur du monde l'orsqu'il leur développait la même doctrine ? Assez donc de vouloir nous imposer silence ; car nonobstant vos reproches, nous ne cesserons de vous le redire ; soyez sujets fidèles ou renoncez au titre de chrétiens.

" Lors de l'invasion de 1775, notre illustre prélat connaissait déjà la délicatesse, ou plutôt l'illusion d'une partie du peuple à cet égard. Mais il aurait cessé d'être grand si une telle considération l'avait fait varier dans ses principes ou vaciller dans l'exécution. Sans donc s'inquiéter des suites, il se hâte de prescrire à tous les curés de son diocèse la conduite qu'ils doivent tenir dans cette circonstance délicate. Tous reçoivent ses ordres avec respect et en font part à leurs ouailles. Le prélat prêche d'exemple en s'enfermant dans la capitale assiégée. Dieu bénit cette résolution ; le peuple, après quelque incertitude, reste enfin dans son devoir : les citoyens se défendent avec zèle et courage. Au bout de quelques mois, un vent favorable dissipe la tempête. Les Assyriens confus se retirent en desordre : Béthulie est délivrée, la province préservée, et nos temples retentissent de chants de victoire et d'actions de grâces, etc ... ".

" Dans les provinces américaines la religion catholique n'avait jamais été tolérée ; les prêtres en étaient exclus sous des peines très sévères, et les missionnaires chez les sauvages étaient traités avec rigueur et cruauté. Les Canadiens n'étaient pas persuadés que ces mesures rigoureuses fussent l'œuvre exclusive du gouvernement royal, parce que quand il s'agissait de catholiques, on n'était jamais bien prompt à faire respecter le droit sacré de conscience. Enfin, il y avait de grandes contradictions entre l'adresse du congrès au peuple de la Grande-Bretagne, du 21 octobre 1774, et celle au peuple du Canada : l'acte de Québec de la même année ne faisait que confirmer ce droit de conscience, en garantissant aux Canadiens le libre exercice de leur religion, la jouissance de leurs biens religieux, et en les dispensant au serment du *test*, et cependant le congrès, animé par un esprit contraire, avait, dans son adresse au peuple anglais, demandé la proscription de leur religion, de leurs lois, de toutes leurs institutions, en un mot leur complet asservissement.

" Comment, après l'expression de sentiments si hostiles, le clergé canadien peut-il mettre une pleine confiance dans la déclaration que fait le Congrès dans son adresse aux Canadiens par ces paroles : " Nous connaissons trop bien ces sentiments généreux qui distinguent notre nation pour croire que la différence de religion vous empêche de contracter une alliance cordiale avec nous. Vous savez que la nature transcendante de la liberté élève ceux qui s'unissent pour sa cause au-dessus de toutes ces faiblesses d'un esprit étroit. Les cantons suisses fournissent une preuve mémorable de cette vérité. Leur confédération est composée d'Etats catholiques et d'Etats protestants, qui vivent ensemble dans la concorde et la paix, et, depuis qu'ils ont bravement conquis leur liberté, ils ont pu défier et battre tous les tyrans qui ont osé envahir leur territoire ". La contradiction qu'il y avait entre l'adresse au peuple anglais et l'adresse au peuple canadien portait partout ses fruits. Lorsqu'on lut dans une assemblée nombreuse de royalistes la partie de la première adresse, qui avait rapport à la réorganisation du Canada et la peinture qu'on faisait de la religion et des usages de ses habitants, l'assemblée ne put s'empêcher d'exprimer son ressentiment par des exclamations pleines de mépris. "Ah! le traître et perfide Congrès! s'écria-t-on. Bénissons notre bon prince, restons fidèles à un roi dont l'humanité est conséquente et s'étend à toutes les religions ; abhorrons ceux qui veulent nous faire manquer à notre loyauté par des actes déshonorants et dont les promesses sont mensongères ".

" Ainsi les propositions solennelles du Congrès finissaient par n'être plus écoutées, et le clergé et les seigneurs reprenaient leur influence sur le peuple, car la bonne politique repose sur une franchise éclairée, et non sur des subterfuges, des finesses diplomatiques ".

De son côté le célèbre Franklin n'avait pas perdu de vue son idée fixe.

Le 8 février 1777, il écrivait de Paris, à mistress Thompson, de Lille.

" — En me rendant au Canada ce printemps dernier, je vis la chère mistress Barlow, à New-York. M. Barlow l'avait délaissée depuis deux ou trois mois pour tenir compagnie au gouverneur Tryon, à bord de l'*Asie*, l'un des vaisseaux du roi alors en rade ; et pendant tout ce temps ce vilain homme ne s'était pas rendu une seule fois à terre pour voir sa femme. Sur ces entrefaites, nos troupes se répandaient dans la ville ; cet dame se prépara donc à la quitter ; en effet comme sa maison était très vaste elle craignait qu'on ne la forçat de loger des officiers chez elle. Au reste elle paraissait infiniment chagrinée et embarrassée, ne sachant trop où diriger ses pas. Je lui conseillai de demeurer tranquille en sa maison ; j'allai trouver les officiers supérieurs qui commandaient alors dans la place et je les priai de prendre cette dame sous leur protection, ce qu'ils me promirent et ils ont tenu leur parole. J'avais déjà rempli pendant quinze jours au Canada les fonctions de gouverneur (et assez bien par paranthèse) : j'y serais peut-être encore aujourd'hui en cette qualité si vos maudits compatriotes, ennemis de tous les gouvernements n'étaient venu m'en chasser les armes à la main [1]".

On a peine à croire que c'était là le même Franklin qui avait qualifié la France de " *nation intrigante* " à l'époque où on essayait de susciter contre elle la vieille

---

1 — *Vide* Mémoires de Franklin, Vol. I, page 41.

animosité de l'Angleterre pour amener celle-ci à céder aux demandes des colonies.

En date de Londres, le 13 mars 1763, Franklin écrivait encore à son fils [1] :

" — Le nouveau secrétaire, lord Hillsborough, voudrait que la plus grande partie des troupes fussent placées dans le Canada et dans la Floride, en mettant trois bataillons seulement en cantonnement dans les provinces de New-York, de New-Jersey et de Philadelphie. Les colonies elles-mêmes se chargeraient d'entretenir les garnisons des forts de Pitt, d'Oswego, de Niagara et de les mettre en mesure de protéger leur commerce. Cette opinion sera probablement suivie, si de nouveaux changements n'amènent pas d'autres idées.

Lord Hillsborough, dit Franklin dans une autre lettre écrite à son fils, est " le lord qui est le plus grand hypocrite, le fourbe le plus insigne que j'aie jamais rencontré de ma vie ; j'espère que nous n'aurons plus affaire à lui ".

Franklin écrivait à la Fayette en date de Passy, le 19 août 1779 :

---

1 — *Vide* Mémoires de Franklin, Vol. I, page 362.

" — Vous désirez savoir si je suis satisfait des ministres français. Il est impossible de l'être davantage ; ils font les plus grands efforts pour servir la cause commune et particulièrement nos intérêts. Nous ne saurions désirer rien de plus, sinon un subside que notre extrême pénurie nous rendrait nécessaire, pour être à même d'agir plus vigoureusement, de parvenir à chasser l'ennemi des postes qui lui restent encore et de soumettre le Canada. Mais les dépenses de la France sont si considérables que je n'ose insister sur cette augmentation ; j'espère, cependant, que nous obtiendrons quelques secours d'armes et de munitions, et peut-être, quand il sera possible, quelques vaisseaux pour nous aider à soumettre New-York et le Rhode-Island ".

Et que disait encore Franklin à John Adams en date de Passy, le 13 avril 1782 ?

" —Pendant que M. Hartley me proposait, avec l'approbation et le consentement tacite de lord North, de traiter sans la France, le ministre avait ici pour émissaire un M. Forth, ancien secrétaire de lord Stormont qui faisait au cabinet de Versailles des propositions pour traiter sans nous. J'ai lieu de croire qu'on offrait d'importants sacrifices et entre autres la restitution du Canada à la France ".

Dans une autre lettre datée, elle aussi de Passy, le 13 avril 1782, Franklin écrivait :

" — J'ai cru m'apercevoir que l'Angleterre désirait une réconciliation sincère avec l'Amérique ; je formais cordialement le même vœu. J'ajoutai qu'une paix pure et simple ne produirait pas la moitié des avantages d'un accommodement franc et véritable ; que pour y parvenir, ceux qui avaient été les agresseurs ou qui avaient eu les plus grands torts devaient témoigner quelques regrets du passé et se montrer disposés à réparer leurs propres injures ; qu'ils étaient certaines réparations que l'Amérique avait droit de demander et qu'on lui accorderait, mais que l'effet en serait beaucoup plus grand, si elles paraissaient le gage volontaire d'un heureux retour. Je déclarai en conséquence que l'Angleterre devait bien offrir quelque indemnité aux malheureuses victimes de ses troupes légères, de ses auxiliaires indiens qui portèrent de tous côtés la dévastation et les terribles opérations du *scalp*. Sans doute on ne pouvait ni rendre la vie aux morts, ni dédommager leurs familles, mais on pouvait néanmoins rebâtir leurs villages et les maisons. *J'insinuai ensuite* quelque chose des affaires du Canada ; et, comme dans une précédente conversation il avait soutenu que la cession de ce pays aux Anglais, lors de la paix de 1763 avait été, de la part de la France un acte de politique, parce qu'on avait ainsi affaibli les liens entre l'Angleterre et ses colonies et que lui, Oswald, n'avait pas hésité à en tirer l'augure de la dernière révolution, je parlai des occasions sans cesse renaissantes de querelles qui résulteraient de la possession du Canada par l'Angleterre. Je donnai à entendre sans l'exprimer clairement, que le danger résultant pour nous d'une telle position nous forcerait nécessairement à cultiver et à fortifier notre union avec la France".

Dans ses conversation avec Oswald, l'un des commissaires pour traiter la paix, Franklin est toujours d'une grande circonspection. Jamais il ne se risque dans ces entrevues sans avoir au préalable rédigé ses notes d'avance. Voici le croquis d'un de ses mémorandums :

" — La Grande-Bretagne possède le Canada ; le principal avantage qui en résulte pour elle, est le commerce de pelleterie. Le gouvernement et la défense de ces établissements doivent lui coûter des sommes énormes.

Il serait humiliant pour elle de le céder sur la demande des Etats-Unis ; peut-être l'Amérique ne le demandera pas. Quelques-uns des chefs de l'administration peuvent considérer la crainte d'un tel voisinage comme le moyen de maintenir une plus étroite union parmi les treize Etats et les rendre plus attentifs à la discipline militaire. Cependant l'offre volontaire de cette province produirait en général le meilleur effet sur l'esprit du peuple ; ce serait néanmoins sous la condition qu'en tout temps l'Angleterre jouirait dans le Canada d'un commerce extrêmement libre et dégagé de toute espèce de douanes. On vendrait les terres inutiles jusqu'à concurrence de la somme nécessaire pour payer les maisons qui ont été brûlées par les troupes anglaises et par les Indiens, et en même temps pour indemniser les royalistes de la confiscation de leur fortune ".

Le 20 avril 1782, Franklin écrit encore de Passy :

" — Je fis observer à M. Oswald qu'on parlait beaucoup en Angleterre d'une réconciliation avec les colonies ; que c'était beaucoup plus que de conclure simplement la paix, puisqu'on pouvait obtenir l'une sans l'autre. J'ajoutai que le mal affreux qu'on nous avait fait en brûlant des villages entiers, laisserait de longues

traces de ressentiment ; que l'avantage que l'Angleterre pouvait se promettre de la paix pour son commerce, dépendait en grande partie d'un rapprochement
sincère ; que la paix sans réconciliation ne serait probablement pas durable ; que des amis brouillés n'étaient
jamais plus efficacement recommandés que dans le cas
où l'agresseur offrait spontanément de réparer les torts
qu'il avait commis dans un excès de furie ; *que si l'Angleterre nous proposait le Canada comme indemnité,
il résulterait de cet offre le meilleur effet.* M. Oswald
goûta fort cette idée et dit que son pays était trop
embarrassé dans ses finances pour nous offrir une répa-
ration pécuniaire ; mais qu'il emploierait tous ses efforts
pour nous prouver ce genre de satisfaction.

Le 2 mai 1782, il écrivit d'Amsterdam :

" — Je priai M. Laurens de considérer entre nous
et sans rien dire au ministre, si nous pouvions avoir
une paix réelle, tant que le Canada et la Nouvelle-
Ecosse resterait aux mains des Anglais, et si nous ne
devions pas exiger au moins la stipulation formelle que
l'Angleterre n'aurait sur ses frontières, ni armée perma-
nente, ni troupes réglées, ni fortifications. Je lui fis
observer que dans l'état actuel des choses, nous n'avions

aucun motif d'être si pressés de conclure la paix que si le temps n'était pas encore venu d'obtenir des conditions honorables, la nation devait attendre une époque plus favorable ".

Adams lui répond de la même ville :

" — Si l'on était réellement disposés à joindre le Canada à la Confédération américaine, il n'existerait plus, je pense, de grandes difficultés entre l'Angleterre et l'Amérique, pourvu toutefois que nos alliés fussent satisfaits de cet arrangement ".

Le 5 mai, Franklin assure ce qui suit :

" — En revenant de chez monsieur de Vergennes, M. Oswald ne dit encore que l'affaire du Canada serait décidée à notre satisfaction, et qu'il espérait qu'on en ferait mention à la fin du traité ".

Les commissaires pour traiter de la paix étaient d'une part Richard Oswald, commissaire britannique, et John Adams, Benjamin Franklin, John Jay, d'origine française, Henry Laurens, commissaire américain. Le secrétaire de la commission anglaise était Cabel Whiteford, celui de la commission américaine, William Temple Franklin. Le traité fut signé à Paris, les 30 et 31 novembre 1782. Il n'y fut pas question du Canada. Tout de même, Franklin ne pensait pas comme Voltaire, qui disait dans son *Siècle de Louis XV*, page 235, deuxième volume :

" — On a perdu en un seul jour 1500 lieux de pays ; ces 1500 dont les trois quarts sont des déserts glacés, n'étaient pas peut-être une perte réelle. Le Canada coûtait beaucoup et rapportait très peu ".

Pendant que Franklin intriguait, le roi de France, en date du 29 mars 1778, envoyait au sieur Gérard, secrétaire du Conseil d'Etat résidant de la part du roi auprès du Congrès général des Etats-Unis, le mémoire suivant, où, entres autres choses, il est dit :

" — Les députés du Congrès avaient proposé au roi de prendre l'engagement de favoriser la conquête que les Américains entreprenaient du Canada, de la Nouvelle-Ecosse et des Florides, et il y a lieu de croire que le projet tient fort à cœur au Congrès. Mais le roi a considéré que la possession de ces trois contrées, ou au moins du Canada par l'Angleterre, serait un principe utile d'inquiétude et de négligence pour les Américains qui leur fera sentir davantage tout le besoin qu'ils ont de l'alliance et de l'amitié du roi ; il n'est pas dans son intérêt de le détruire.

" D'après cela, Sa Majesté pense qu'elle ne doit prendre aucun engagement relatif à la conquête dont il s'agit. Cependant si le Congrès en fait l'ouverture comme il est présumable, le sieur Gérard répondra que le roi se prêtera toujours avec empressement à tout ce qui pourra convenir aux Etats-Unis et qu'il concourra volontiers à l'effectuation de leur plan de conquête autant que les circonstances le permettront ; mais que l'incertitude et la variabilité de ses engagements ne lui permettent pas d'en prendre l'engagement formel. Tel est le principe de Sa Majesté par rapport à cet objet, et son intention est que le sieur Gérard le prenne comme base de son langage et de ses insinuations. Si, cependant, le Congrès devenait trop pressant et que le sieur Gérard jugeât que le roi ne pourrait refuser de coopérer à ses vues sans faire soupçonner sa bonne volonté et la droiture de ses intentions, il pourrait alors condescendre à leurs désirs, mais en leur faisant entendre toutefois que la conquête qu'il s'agira de faire ne devra pas être une condition essentielle de la prochaine paix. Le sieur

Gérard sentira de lui-même que cette dernière insinuation devra être faite avec assez de dextérité pour qu'elle n'indispose pas le Congrès [1]".

On peut voir maintenant jusqu'où peut aller la diplomatie, Franklin en fut pour son rêve et ses frais de correspondances. D'ailleurs il ne pouvait ignorer que dès le 7 août 1775, de Vergennes écrivait au comte de Guines, ambassadeur de France à Londres :

" — Le Canada est le " point jaloux " pour les colonies. Il faut leur faire entendre que nous n'y songeons pas du tout ".

Plus tard les Américains devaient reprendre ce projet favori de l'invasion du Canada. Ils voulaient y lancer une armée de 5,000 hommes, commandée par le fameux général Moreau. Brymner, dans ses archives du Canada, année 1892, page 57, raconte ainsi ce curieux incident de notre histoire :

" — L'opinion de M. Joseph Bouchette, l'arpenteur général du Bas-Canada est cependant sur ce point d'un

---

. 1— Ce Mémoire est cité tout au long dans l'" *Histoire de la Marine française* ", pendant la guerre de l'Indépendance américaine, par E. Chevalier, capitaine de vaisseau.

grand poids, car non-seulement il connaissait à fond la topographie du pays, mais il était au fait des sentiments de la population. Dans une lettre de M. Cooke, le sous-secrétaire des colonies, il attire l'attention sur le projet d'envoyer le général Moreau, à la tête de six mille hommes, attaquer le Canada, s'il y a une guerre avec les Etats-Unis, et il exprime l'opinion que personne mieux que Moreau n'est capable de conduire une pareille expédition, mais il ajoute, et la guerre de 1812 montre jusqu'à quel point il voyait juste : " Je suis d'avis qu'il n'aurait qu'une bien faible chance de réussir et qu'il faudrait aux Américains une armée beaucoup plus considérable. Je craindrais davantage, si l'on parlait de quinze ou vingt mille hommes répartis comme il suit, savoir : six ou sept mille hommes sous le général Moreau dirigés sur Montréal, un pareil nombre remontant la rivière Kennébec pour descendre la rivière de la Chaudière et venir se camper devant Québec et élever des batteries en face de la ville à la Pointe-Lévy, tandis que trois ou quatre mille descendraient la rivière Saint-François avec l'intention de se réunir à l'armée de Moreau aux Trois-Rivières s'il réussissait à prendre Montréal ".

Mais même dans d'aussi formidables conditions, il ne croit pas au succès d'une pareille entreprise, si l'on prend des mesures judicieuses. " Qu'on porte le nombre des troupes régulières à dix mille pour les deux Canadas, faute de plus, en sus d'environ vingt ou vingt-cinq mille hommes de milice active dans le Bas-Canada et d'environ douze ou quatorze mille dans le Haut-Canada, à part les sauvages, et les Américains auront une besogne très difficile à s'emparer de l'une ou l'autre des provinces, principalement du Bas-Canada. Quant au Haut-Canada, ils ont plus d'avantages de leur côté et moins de milice devant eux ? Ils ont aussi pour eux les grandes routes qui conduisent aux différentes garnisons qu'ils ont maintenant sur la frontière, ce qui n'est pas peu en leur faveur. Néanmoins, je suis convaincu qu'en distribuant judicieusement les troupes et la milice de cette province et en augmentant les forces navales sur les lacs, avec la possession du fort George, dans l'état et la position maîtresse où se trouve ce fort, situé sur la rive ouest de la rivière Niagara, on pourra faire une résistance des plus vigoureuses, et j'ai confiance qu'avec le temps on verra que le Canada n'est pas une proie aussi facile à saisir que les Américains le croient ".

Et Brymner ajoute :

" — C'est en l'année 1804 que Napoléon devint empereur et que devait avoir lieu l'invasion des îles britanniques, projet que fit avorter la constante vigilance des vaisseaux britanniques ; et l'observation de Napoléon lui-même sur la disparité qui existait entre les marines des deux nations suffit pour expliquer pourquoi Pichon disait à Rous que la Grande-Bretagne était trop puissante sur mer pour que la France pût attaquer le Canada.   Pendant ce temps-là on prenait ici toutes les précautions pour prévenir l'exécution de tout dessein hostile qu'on pouvait former.

Fouquet qui s'était servi d'un langage incendiaire en passant et repassant par l'Acadie—village situé près de Napierville, sur le Richelieu—, était en réalité un émissaire du consul français à Boston, *et c'était lui qui avait répandu le bruit que les Etats-Unis, maintenant qu'ils avaient la Louisiane, voulaient étendre leur frontière jusqu'au Saint-Laurent, et que la France leur aiderait.*

M. Richardson expose ainsi la politique de Jefferson, alors président des Etats-Unis, et cet exposé peut être corroboré par la correspondance de Jefferson à cette époque : " La conduite de Jefferson en plusieurs choses est loin d'être amicale, mais il est trop lâche pour risquer une rupture avec la Grande-Bretagne, à moins que celle-ci ne souffre grandement d'une invasion par Bonaparte ".

Après la rupture de la paix d'Amiens, les tentatives américaines recommencèrent contre le Canada. Ira Allen, du Vermont, était l'âme de cette entreprise. Il s'agrégea à une petite société secrète fondée à Montréal, et vint bientôt en imposer au lieutenant-gouverneur Milnes.

Brymner parle ainsi de cette fumisterie :

" — Six d'entre eux furent arrêtés et subirent leur procès, mais Rogers s'échappa. Le procureur général Sewell, auquel l'affaire fut soumise, fit sur le sujet un long rapport. Il ne sera pas mauvais d'en donner ici quelques extraits. Le nommé McLean fut exécuté pour haute trahison, le 21 juillet 1797. La société, dont parle Milnes, " était formée de divers individus qui n'avaient rien à perdre et parmi se trouvaient plusieurs des personnes concernées dans la conspiration de McLean, particulièrement Ira Allen et Stephen Thorn, qui venaient d'arriver de France ". Le rapport parle ensuite de Rogers, maître d'école de la Nouvelle-Angleterre, qui était depuis quelque temps établi à Carillon, à quarante milles à l'ouest de Montréal. Le prétexte sous lequel il avait fondé cette société était la recherche de trésors, mais le procureur général conclut, d'après les circonstances, que cette association était établie sur le modèle des Jacobins de France dans les pays dont ils désiraient la possession. Quelques-unes des dépositions qui accompagnent le rapport, parlent sans hésitation et en termes énergiques de la complicité d'Ira Allen dans la conspiration, et disent que son but et celui des maraudeurs qu'il avait assemblés dans le Vermont, n'était pas tant de s'emparer du Canada que de profiter de l'occasion de pillage que *fournirait une invasion du pays.*

" Suivant une lettre du lieutenant-gouverneur, du 28 octobre 1801, tel était le motif principal des aventuriers du Vermont, et si ce qu'il dit est établi, savoir, que pas un seul nom canadien ne se trouve dans la liste des conspirateurs, la preuve sera faite du caractère étranger de l'affaire, et l'opinion de M. Robert Milnes qu'Ira Allen était un émissaire des Jacobins de France sera confirmée. *L'inaction apparente des magistrats de*

Montréal, jointe aux rumeurs exagérées qui circulaient relativement à l'étendue de la conspiration, causait la plus grande alarme, les habitants respectables formaient des associations de police, le général Hunter déposait à la demande de Milnes, des armes pour 600 hommes à l'usage de la milice, que le lieutenant-gouverneur avait passée en revue dans différentes parties de la province, au nombre de 1,200 hommes. Dans le cours de sa tournée il avait eu la satisfaction de constater la fidélité de la milice canadienne, de sorte qu'à son retour à Québec il appelait sous les armes un huitième de la milice, à Montréal et dans les environs. On répondit instantanément à l'appel. " La milice canadienne, dit Sir Robert — et ses paroles valent la peine d'être rapportées—s'est non seulement montrée prête à fournir le nombre d'hommes demandés, mais elle a même offert d'augmenter ce nombre jusqu'à n'importe quel chiffre quand le gouvernement pourrait avoir besoin de son aide ". Les précautions prises et les préparatifs qui se faisaient au grand jour en vue de toute éventualité, eurent un heureux résultat. En novembre, Milnes écrivait que les complots avaient été déjoués, et que d'après les renseignements qui lui venaient du Bas-Canada et du Vermont, il espérait ne pas être inquiété. Le 31 juillet 1802, il publiait une proclamation annonçant le rétablissement de la paix (le traité avait été signé au mois de mars précédent), et il ordonnait l'observance d'un jour d'action de grâce pour les bénédictions qu'elle apportait ".

Un peu plus loin les archives de Brymner constatent ce qui suit :

" — En septembre 1804, M. Merry, ministre britannique aux Etats-Unis, avertit Milnes *d'un complot qui se faisait dans les provinces,* la nouvelle en ayant été reçue d'un nommé Mathew Wing, Canadien établi dans le comté de Saratoga, dans l'Etat de New-York. Selon ce dernier, il se faisait une grande exportation de bétail et de chevaux, qui se vendaient aux Etats-Unis, et dont le prix était employé à l'achat d'armes à Springfield, dans la Nouvelle-Angleterre. Les armes devaient être préparées dans le cours de l'hiver et envoyées dans le Bas-Canada sur des radeaux ; une partie du dessein était de saisir le gouverneur ou commandant en chef quand il serait en route de Québec à York, dans le Haut-Canada. Le général Hunter était alors lieutenant-gouverneur du Haut-Canada et commandant en chef des troupes des deux provinces. Wing disait aussi que l'un des principaux instigateurs de l'insurrection projetée (il ne voulait pas le nommer) avait fourni à Jérôme Bonaparte tous les ronseignements nécessaires pour faire le plan d'attaque, et s'était entendu avec lui pour faire charger un bâtiment d'armes aux frais de la France ; ce vaisseau devait aller sous les couleurs britanniques, être équipé par des Irlandais, partir de bonne heure au printemps, et débarquer les armes à l'anse de Wolfe.

Ce que disait le lieutenant-gouverneur à M. Merry des sentiments de la population du Canada à cette époque critique, était rassurant. " En justice pour les Canadiens, dit-il, je dois dire que jamais le pays n'a été plus tranquille et jamais la conduite du peuple, par toute la province, n'a été plus loyale en apparence que dans le moment actuel ; et ce que je sais des Canadiens, qui sont naturellement tranquilles et très attachés à leurs foyers, me porte à croire fermement qu'on ne pourrait jamais leur persuader de disposer de leurs bestiaux et de leurs chevaux pour les fins mentionnées par Wing ".

Tout de même ce plan du général Schuyler tel que

donné par Chastellux, n'est-il pas intéressant ? ne vaut-il pas la peine d'être rapproché des lettres, des dépêches, des conversations de Franklin ? de la lettre de Joseph Bouchette ? de la dénonciation du ministre britannique Merry ? de la tentative d'Ira Allen et de l'expédition projetée qui devait être commandée par le général Moreau ?

Non ; le grand coup avait été frappé par le comte d'Estaing lorsqu'il adressait aux Canadiens-français la proclamation suivante :

" *Déclaration adressée au nom du roi à tous les anciens Français de l'Amérique septentrionale.*

" Le soussigné, autorisé par Sa Majesté et revêtu par là du plus beau des titres de celui qui efface tous les autres ; chargé au nom du père de la patrie et du protecteur bienfaisant de ses sujets, d'offrir un appui à ceux qui étaient nés pour goûter les douceurs de son gouvernement ; à tous ses compatriotes de l'Amérique septentrionale ;

" Vous êtes nés Français, vous n'avez pas cessé de l'être. Une guerre qui ne nous avait été annoncée que par l'enlèvement de presque tous nos matelots et dont nos ennemis commun n'ont dû les principaux succès qu'au courage, au talent et au nombre des braves Américains qui les combattent aujourd'hui, vous a arraché ce qu'il y a de plus cher à tous les hommes, jusqu'au nom de votre patrie ; elle vous a forcé à porter malgré vous des mains parricides contre elle, serait le comble des malheurs dont vous êtes menacés. Une nouvelle guerre doit vous faire redouter qu'on ne vous oblige à subir la loi la plus révoltante de l'esclavage ; cette guerre a commencé comme la précédente, par les dépradations *(sic)* de la partie la plus intéressante de notre commerce. Les prisons de l'Amérique contiennent depuis trop longtemps un grand nombre de Français infortunés ; vous entendez leurs gémissements. Cette guerre a été déclaré par le message du mois de mars dernier, par l'acte le plus authentique de la souveraineté anglaise, annonçant à tous les ordres de l'Etat que commercer sans cependant interdire le même droit à personne c'était l'offenser, que de le lui dire avec franchise c'était la braver, qu'elle se vengerait et qu'elle se réservait le droit de le faire quand elle pourrait à son avantage et de surprendre alors plus légalement que dans la dernière guerre ; car elle déclarait en avoir le droit, la volonté et en demandait les moyens.

« Le fléau de la guerre actuelle, ainsi proclamée, a été restreint et retardé autant qu'il a été possible par un monarque dont les rêves politiques et désintéressés ne réclament des marques de notre ancien attachement que pour notre bonheur ; contraint de repousser la force par la force, et des hostilités multipliées par les représailles qu'il a enfin ordonnées ; si la nécessité porte ses armes ou celles de ses alliés dans un pays qui lui est toujours cher, vous n'avez point à craindre les embrasements ni les dévastations ; et si la reconnaissance, la vue d'un pavillon toujours révéré par ceux qui l'ont suivi rappellent sous les drapeaux de la France ou des Etats-Unis des Indiens qui nous aimaient et qui étaient comblés des présents de celui qu'ils appellent aussi leur père ; jamais, non, jamais, ils n'emploieront contre vous leur trop cruelle coutume de faire la guerre ; ils y renonceront ou ils cesseront d'être de nos amis.

« Ce ne sera pas par des menaces faites à nos compatriotes que nous tâcherons d'éviter de les combattre ; ce ne sera pas non plus par des injures proférées contre une grande et belle nation que nous savons respectée et que nous espérons de vaincre, que cette déclaration sera affaiblie.

« Je ne dirai pas, en qualité de gentilhomme français, à ceux qui le sont nés comme moi, qu'il n'est qu'une auguste maison dans l'univers, sous laquelle les Français puissent être heureux de servir avec délice ; parce que son chef et ceux qui lui tiennent de plus près par les liens du sang, se sont plu depuis une longue suite de monarques dans tous les temps et se plaisent plus que jamais aujourd'hui à porter ce même titre que Henri IV regardait comme le premier des siens. Je ne ferai point regretter ces qualifications, ces marques, ces décorations, trésors précieux à une façon de penser commune à vous tous et actuellement fermé, par notre malheur commun pour des Français-américains qui savaient si bien s'en rendre dignes. Leur zèle, j'ose l'espérer et le promettre, les fera bientôt reprendre sur eux ; ils le montreront lorsqu'ils seront devenus les amis de nos alliés.

« Je ne demanderai point aux compagnons d'armes de M. le marquis de Lévis à ceux qui ont partagé sa gloire, qui ont admiré ses talents, son tact militaire, qui ont chéri sa cordialité et sa franchise, caractère principal de notre noblesse, s'il est d'autres noms chez d'autres peuples auprès desquels ils aiment mieux voir placer les leurs. Les Canadiens qui ont vu tomber pour leur-

défense le brave marquis de Montcalm pourraient-ils être les ennemis de ses neveux, combattre contre leurs anciens chefs et s'armer contre leurs parents ? A leur nom seul, les armes leur tomberaient des mains !

" Je n'observerai point aux ministres des autels que leurs efforts évangéliques auront besoin d'une protection particulière de la Providence pour que l'exemple ne diminue point la croyance, pour que l'intérêt temporel ne l'emporte pas, pour que les ménagements politiques des souverains que la force leur a donné ne s'affaiblissent point à proportion de ce qu'ils auront moins à craindre ; qu'il est nécessaire pour la religion que ceux qui la prêchent forment un corps dans l'Etat et qu'il n'y ait point de corps plus considéré ni qui ait plus de pouvoir de faire le bien que celui des prêtres du Canada prenant part au gouvernement ; parce que leur conduite respectable leur a mérité la confiance du peuple.

" Je ne ferai point remarquer à ce peuple, à tous mes compatriotes en général, qu'une vaste monarchie ayant la même religion, les mêmes mœurs, la même langue, où l'on trouve des parents, des anciens amis et des frères, est une source intarissable de commerce et de richesse, plus facile à acquérir par une réunion avec des voisins puissants et plus sûre qu'avec des étrangers d'une autre hémisphère, chez qui tout est dissemblable, qui tôt ou tard souverains jaloux et despotes les traiteraient comme des vaincus et plus mal sans doute que leurs ci-devant compatriotes qui les auraient fait vaincre. Je ne ferai pas sentir à tout un peuple, car, tout ce peuple quand il acquiert le droit de penser et d'agir connaît son intérêt, que se lier aux Etats-Unis, c'est s'assurer son bonheur, mais je le déclarerai comme je le déclare formellement au nom de Sa Majesté qui m'y a autorisé et qui m'ordonne de le faire, que tous ses anciens sujets en Amérique septentrionale qui ne reconnaîtront plus la supériorité de l'Angleterre peuvent compter sur sa protection et sur son appui.

" Fait à bord du vaisseau de Sa Majesté, le *Langue-doc*, en rade de Boston, ce vingt-huit octobre mil sept cept cent soixante et dix-huit.

"Estaing.

" Bigrel de Grandolos,

"Secrétaire nommé par le roi à la suite de l'escadre
" commandée par M. le comte d'Estaing.

A bord du *Languedoc*, de l'imprimerie de F.-P.
Demange, imprimeur du roi et de l'escadre ".

N. B. — Les nombreuses fautes qui se trouvent dans cette pièce figurent sur l'impression du bord [1].

En parlant de cette proclamation aussi mal imprimée qu'emphatique, de la Fayette écrivait à l'amiral :

" — Votre *à-propos* du Canada fait un effet admirable ; toutes les imaginations sont huchées sur des raquettes et glissent le long du lac Champlain ".

[1] — A DECLARATION ADRESSED IN THE NAME OF THE KING OF FRANCE TO ALL THE ANCIENT FRENCH IN NORTH AMERICA

Editor of *Magazine of American History.*

My brother, Rev. Dr. T. Stafford Drowne, has the original document with the above title, which was printed in French on board the " Languedoc ", for the count D'Estaing, October 28, 1778. It was translated from the French, and published in the " *Massachusetts Spy* ", at Worcester, Massachusetts, December 10, 1778, a copy of which is now in my possession, and I take pleasure in presenting it to your readers.

HENRY T. DROWNE.

The undersigned authorized by His Majesty, and thence cloathed with the noblest of titles, with that effaces all others; charged in the name of his Father of his country, and the beneficent protector of his subjects, to offer a support to those who were born to enjoy the blessings of his government.

To all his countrymen in North America :

You were born French ; you could never cease to be French. The late war, which was not declared but by the captivity of

Néanmoins le Canadien-français resta sourd à cet appel et la suite prouvera qu'il a agi sagement et qu'il a bien fait.

Le fameux politique américain, Seward, après avoir visité les côtes du Labrador et une partie du Canada,

---

nearly all our seamen, and the principal advantages of which our common enemies entirely owed to the courage, the talents, and the numbers of the brave Americans, who are now fighting against them, has wrested from you, that which is most dear to all men, even the name of your country. To compel you to bear the arms of Parracides against it, must be the completion of misfortunes. With this you are now threatened : A new war may justly make you dread being obliged to submit to this most valuable part of our trade. Too long already have a great number of unfortunate Frenchmen, been confined in American prisons. You hear their groans. The present war was declared by a message in March last from the King of Great Britain to both houses of Parliament; a most authentic act of the British sovereignty, announcing to all orders of the State, that to trade (with America) though without excluding others from the same right, was to offend; that frankly to avow such intention was to defy this sovereignty; that she would revenge it and defer this only to a more advantageous opportunity, when she might do it with more appearance of legality than in the last war :—For she declared that she had the right, the will, and the ability to revenge; and accordingly she demanded of parliament the supplies.

The calamities of a war thus proclaimed have been restrained and retarded as much as was possible, by a Monarch whose pacific and disinterested views now reclaim the marks of your

voyait plus clair que ses prédécesseurs. Dans le récit d'une croisière qu'il fit sur *l'Emérence* et qu'il publia dans "*l'Albany's Evening Journal*", le fameux secrétaire d'État écrivait :

" ... Comme la plupart de mes compatriotes j'avais en tête que le Canada n'était composé que d'une bande

---

former attachment, only for your own happiness. Constrained to repel force by force, and multiplied hostilities by reprisals, which he has at last authorized, if necessity should carry his arms, or those of his allies into a country always dear to him, you have not to fear either burnings or devastations : And if gratitude, if the view of a flag always revered by those who have followed it, should recal to the banners of France, or of the United States, the Indians, who loved us, and have been loaded with presents by him, when they also call their " Father " ; never, no never shall they employ against you their too cruel methods of war. These they must renounce, or they will cease to be our friends.

It is not by manaces that we shall endeavour to avoid combating with our country men, nor shall we weaken this declaration by invectives against a great and brave nation, which we know how to respect, and hope to vanquish.

As a French gentleman, I need not to mention to those among you who were born such as well as myself, that there is but one august house in the universe, under which the French can be happy, and serve with pleasure ; since its head, and those who are most nearly allied to him by blood, have been at all, through a long line of monarchs, and are at this day more than ever delighted with bearing that very title which Henry IV regarded as the first of his own. I shall

de terre sise au nord des Etats-Unis. Il était facile de s'en emparer, parce que ses habitants pouvaient à peine compter sur leurs propres ressources. Depuis je suis

not excite your regrets for those qualifications, those marks of distinctions, those decorations, which, in our matter of thinking, are precious treasures; but from which, by our common misfortunes, the American French, who have known so well how to deserve them are now precluded. These, I am bold to hope and to promise, their zeal will very soon procure to be diffused among them. They will merit them when they *dare to become the friends of our allies.*

I shall not ask the military companions of the Marquis of Lévis, those who shared his glory, who admired his talents and genius for war, who loved his cordiality and frankness, the principal characteristics of our nobility, whether there be other names in other nations, among which they would be better pleased to place their own.

Can the Canadians, who saw the brave Montcalm fall in their defence, can they become the enemies of his nephews? Can they fight against their former leaders, and arm themselves against their kinsmen? At the bare mention of their names the weapons would fall out of their hands.

I shall not observe to the ministers of the altars, that their evangelic efforts will require the special protection of Providence, to prevent faith being diminished by example, by worldly interest, and by sovereigns, whom force has imposed upon them, and whose political indulgence will be lessened proportionably as those sovereigns shall have less to fear. I shall not observe, that it is necessary for religion that those who preach it should form a body in the state; and that in Canada no other body would be more considered, or have more power to do good than that of the priests, taking a part in the government ; since their respective conduct has merited the confidence of the people.

bien revenu de cette idée. J'ai constaté que l'Amérique Britannique du Nord, s'étendant depuis Terreneuve jusqu'au Pacifique, occupe une partie considérable de la zône tempérée. D'innombrables lacs la couvre. On

---

I shall not represent to that people, not to all my countrymen in general, that a vast monarchy, having the same religion, the same manners, the same language, where they find kinsmen, old freinds, and brethren, must be an inexhaustible source of commerce and wealth, more easily acquired and better secured, by their union with powerful neighbours, than with strangers of another hemisphere, among whom everything is different, and who, jealous and despotic sovereigns, would sooner or later treat them as a conquered people, and doubtles much worse that their late countrymen the Americans, who made them victorious. I shall not urge to a whole people that to join with the United States is to secure their own happiness; since a whole people, when they acquire the right of thinking and acting for themselves, must know their own interest: but I will declare, and I now formally order in the name of His Majesty, who has authorized and commanded me to do it, that all his former subjects in North America, who shall no more acknowledge the supremacy of Great Britain, may depend upon his protection and support.

Done on board of His Majesty's ship, the " Languedoc ", in the harbour of Boston, the twenty-eighth day of October, in the year one thousand seven hundred and seventy-eight.

ESTAING.

Bigrel De Grandolos, *Secretary appointed by the King, to the Squadron commanded by the* Count d'Estaing. *Printed on board the " Languedoc ",* by F. P. Demange, printer to the King and the Squadron.

Je donne cette traduction anglaise, à titre de curiosité; la proclamation française étant l'originale. — F. DE ST-M.

jouit ici de paysages merveilleux. Le Saint-Laurent traverse des contrées superbes. Il est constellé d'îles et il arrose un pays destiné à former plus tard un vaste empire. Les champs de blé de l'ouest, ses terrains de chasse et de pêche, ses forêts inépuisables — le plus considérables de l'univers — ses pêcheries si renommées et à juste titre, ses mines à peine connues, sont les 'bases indestructibles de sa richesse nationale. On se méfie ici de l'Angleterre et des Etats-Unis; fort est celui qui se mettrait à entreprendre de conquérir ce beau pays. La politique la plus saine, la plus pratique des Etats-Unis est de rechercher l'alliance du Canada. Il en est temps encore, car nos voisins sont inexpérimentés et se rendent peu compte des hautes destinées qui les attendent. Cela vaut mieux que d'avoir constamment les yeux tournés vers les vieilles colonies espagnoles et vers les côtes et les îles du golfe du Mexique.

" Je ne vivrai pas assez longtemps pour voir cela, mais un jour viendra — et il est proche — où les Etats-Unis regretteront amèrement ce moment de folie.

Napoléon lui-même, dans ses heures de mélancolie, songeait au Canada sur son rocher de Sainte-Hélène.

Dans son *Mémorial*, Las Cases ne dit-il pas ?

« — Le 28. Dimanche l'empereur m'a fait appeler vers les deux heures. Nous avons parcouru quelques journaux. Ils nous apprenaient que son frère Joseph avait acheté de grandes propriétés au nord de l'Etat de New-York sur le fleuve Saint-Laurent, et qu'un grand nombre de Français se groupaient autour de lui de manière à fonder bientôt un établissement. On faisait observer que le choix du lieu semblait fait dans les intérêts des Etats-Unis et en opposition à la politique de l'Angleterre ; car dans le sud à la Louisiane, par exemple, les réfugiés n'avaient pu avoir d'autres vues et d'autre avenir que le repos et la prospérité domestique ; tandis qu'au lieu où on les plaçait il était évident qu'ils devaient devenir bientôt un attrait naturel pour la population du Canada déjà français et former par la suite une barrière ou même un point hostile contre les Anglais qui en sont encore les dominateurs. L'empereur disait que cet établissement devait compter en peu de temps une réunion d'hommes très forts dans tous les genres. S'ils remplissaient leur devoir, ajoutait-il, il sortirait de là d'excellents écrits, des réfutations victorieuses du système qui triomphe aujourd'hui

en Europe. L'Empereur ajoute qu'il avait déjà eu à
l'île d'Elbe quelque idée semblable ".

" — Plus tard, dit de Las Cases, dans une longue conversation privée du matin, l'empereur revenait sur
toutes les horreurs de notre situation à Sainte-Hélène.
Il épuisait les chances d'un meilleur avenir. A la suite
de tous ces objets que je ne puis rendre ici, s'abandon-
nant à son imagination, il disait qu'il n'y avait plus
pour lui de séjour que l'Angleterre et l'Amérique. Celui
de son inclination, ajoutait-il, serait l'Amérique française, parce qu'il y serait vraiment libre et qu'il n'aspi-
rait qu'à l'indépendance et au repos. Il faisait alors son
roman. Il se voyait près de son frère Joseph entouré
d'une petite France.

III

VOYAGES, ANECDOTES, OBSERVATIONS

Tout de même, nous oublions que nous sommes,
avec le chevalier de Chastellux, les hôtes du général
Schuyler.

" — En jetant les yeux sur la carte on verra, dit-il,
que Saratoga est situé au bord d'une petite rivière qui

vient du lac de ce nom et qui se jette dans celle d'Hudson. Sur la rive droite de la Fishill, — c'est le nom de cette rivière — se trouvait autrefois une belle maison de campagne appartenant au général Schuyler ; une grosse ferme en dépend ainsi que deux ou trois moulins *à scie.*

" Lorsqu'après l'affaire du 7 octobre le général Bourgoyne commença sa retraite, il se mit en marche la nuit du 8 au 9 et ne parvint que le 13 à passer la *creek*, tant il avait eu de peine à traîner son artillerie qu'il s'opiniâtra à conserver, quoique la plupart des chevaux de traits eussent été tués ou fussent morts de misère. Il employa donc quatre jours à faire huit milles de chemin, ce qui donna le temps aux Américains de le suivre sur la rive droite de l'Hudson et de le précéder sur la rive gauche, où ils occupèrent en force tous les passages. Le général Bourgoyne fut à peine de l'autre côté de la *creek*, qu'il fit mettre le feu à la maison du général Schuyler, plutôt par humeur que pour la sûreté de son armée, puisque cette maison placée dans un fond ne pouvait offrir aucune sûreté aux Américains et que d'ailleurs il laissa subsister la ferme qui est maintenant le seul asile du propriétaire.

C'est là que le général Schuyler nous a logés dans quelques chambres qu'il a fait accommoder en attendant que des circonstances plus heureuses lui permettent de bâtir une autre maison. La *creek* coule entre deux escarpements dont les sommets sont à peu près de même hauteur ; elle descend après par plusieurs rapides qui font tourner les moulins. Là, le terrain est plus ouvert et continue ainsi jusqu'à la rivière du Nord, c'est-à-dire l'espace d'un demi-mille.

" Quant à la position du général Bourgoyne il est très difficile de la décrire, car le terrain est très irrégulier et que ce général se trouvant entouré, fut obligé de diviser ses troupes en trois corps qui formaient trois fronts différents, l'un faisait face à la *creek*, l'autre à la rivière Hudson, le troisième aux montagnes du côté de l'ouest... Les bois vont toujours en s'élevant vers l'ouest, de sorte que le général Bourgoyne pût bien occuper quelques mamelons avantageux, mais jamais les sommités ; aussi le général Gates, arrivé de Saratoga presque aussitôt que les Anglais, fit passer deux mille hommes au delà de la *creek*, leur ordonnant de construire une batterie de deux pièces de canon qui commença à tirer le 14 et ne laissa pas d'incommander les

Anglais. Le général Bourgoyne n'avait d'autre parti à prendre que de laisser égorger ses troupes ou de capituler. Son armée n'avait plus que pour cinq jours de vivres ; il lui était impossible de garder sa position. On lui proposa d'établir un ancien pont de bateaux qui avait été construit dans le camp même, mais un corps de 2000 s'était déjà posté sur les hauteurs de l'autre côté de la rivière, où il avait élevé une batterie de deux pièces de canon. Si on entreprenait de remonter par la rive droite pour gagner les gués qui se trouvaient près du fort Edouard, on avait des ravins à passer et des chemins à raccommoder. D'ailleurs ces défilés étaient déjà occupés par les milices et il fallait les combattre à l'avant-garde, tandis qu'on avait une armée entière sur ses derrières et sur ses flancs. A peine restait-il le temps de délibérer ; les boulets de canon commençaient à tomber dans le camp ; il en vint un dans la maison où l'on tenait le conseil de guerre, de sorte qu'on fut obligé de la quitter pour aller se réfugier dans les bois.

" Qu'on rapproche maintenant la situation du général Bourgoyne, rassemblant ses troupes à Ticondéraga et publiant son orgueilleux manifeste, de celle où il se trouva, lorsque vaincu et environné par une troupe de paysans, il ne lui resta pas même une place où il put discuter quelle sorte de supplication il convenait de leur faire. J'avoue que j'ai eu honte lorsque j'ai été conduit à l'endroit où les Anglais avaient mis bas les armes et à celui où ils ont défilé devant l'armée de Gates. Soldats et officiers américains virent passer leurs présomptueux ennemis sans leur faire le moindre outrage, sans laisser échapper un geste, un sourire insultant. Ce silence majestueux réfutait d'une manière bien sensible les vaines déclarations du général anglais et semblait attester tous les droits que nos alliés avaient à la victoire. Le hasard seul donna lieu à une allusion que le général Bourgoyne parut sentir vivement. C'est l'usage en Angleterre et en Amérique, lorsqu'on approche de quelqu'un pour la première fois de lui dire :

" — *I am very happy to see you.* Je suis très aise de vous voir.

" Le général Gates, le même qui plus tard avait rêvé de supplanter Washington, se servit de cette formule en abordant le général Bourgoyne.

" — Je le crois bien, répondit ce dernier ; la fortune de ce jour est entièrement pour vous. *I think it ; the fortune of the day is entirely yours.*

« Le général Gates ne parut pas faire attention à cette réponse ; il conduisit le général Bourgoyne chez lui et lui donna un très bon dîner, ainsi qu'à la plupart des officiers anglais. On mangea, on but largement et chacun parut oublier ou ses malheurs ou ses succès.

« Avant le dîner, au moment où les officiers américains se partageaient les officiers anglais qu'ils voulaient traiter, on vint demander où il fallait conduire madame la baronne de Riedezell, femme du général brunswickois. Le général Schuyler qui avait suivi l'armée comme volontaire depuis qu'il n'en avait plus le commandement, ordonna qu'on la mena dans sa tente. Il s'y rendit bientôt et la trouva interdite et tremblante, croyant voir dans chaque Américain un sauvage semblable à ceux qui avaient suivi l'armée anglaise. Elle avait avec elle deux petites filles charmantes, âgées de six à sept ans. Le général Schuyler les caressa beaucoup ; ce spectacle attendrit madame Riedezell et la rassura en un instant.

« — Vous êtes tendre et sensible, lui dit-elle ; vous êtes donc généreux, et je suis heureuse d'être tombée entre vos mains.

« En conséquence de la capitulation, l'armée anglaise

fut conduite à Boston. Pendant la marche les troupes campèrent, mais il fallait loger les généraux. On était embarrassé de trouver près d'Albany un quartier convenable pour le général Bourgoyne et sa suite. Le général Schuyler offrit sa belle maison dont j'ai déjà parlé. Ses affaires le retenaient à Saratoga ; il y restait pour visiter les ruines de son autre maison que le général Bourgoyne avait fait détrire ; mais il écrivit à sa femme de préparer tout pour le recevoir, aussi bien qu'il serait possible, et ses instructions furent parfaitement remplies. Bourgoyne fut parfaitement bien accueilli par madame Schuyler et sa petite famille ; il fut logé dans le meilleur appartement de la maison. Le soir on lui servit un excellent souper dont on lui fit les honneurs avec tant de grâce qu'il fut attendri jusqu'aux larmes et qu'il dit avec un profond soupir :

" — En vérité c'en est trop faire pour celui qui a ravagé vos terres et brûlé votre asile.

" Cependant, le lendemain matin, ses disgrâces lui furent rappelées par une aventure qui aurait paru gaie à tout autre qu'à lui. C'était toujours innocemment qu'il devait être affligé. On l'avait fait coucher dans une grande pièce, où on lui avait préparé un lit ; mais

comme il avait une suite nombreuse, on fut obligé
d'étendre des matelats à terre, pour faire coucher quelques officiers auprès de lui. Le second fils du général
Schuyler alors âgé de sept ans, petit enfant gâté comme
le sont tous les enfants des Américains, bien volontaire,
bien malin, bien aimable, courait dans la maison dès le
matin selon sa coutume. Il ouvrit la porte du salon,
éclata de rire en voyant les officiers anglais rassemblés,
et refermant la porte sur lui, il leur dit :

— " Vous êtes tous mes prisonniers.

" Cette naïveté fut cruelle pour eux et les rendit
plus tristes qu'ils ne l'étaient la veille ".

Une cruauté militaire bien méritée, mais celle-là d'un
autre genre attendait un autre général anglais, lord
Cornwallis à la reddition de Yorktown. Washington
exigea de Cornwallis, les mêmes termes de capitulation
qu'il avait imposés au général Lincoln, lors de la prise
de Charleston. On lui refusa les honneurs de la guerre,
et le sabre de Cornwallis fut remis par le général O'Hara,
son supérieur étant malade, au même général Lincoln
qui quelque temps auparavant avait été obligé de rendre
le sien à Cornwallis.

Ainsi vont les hasards de la guerre.

Quant aux Français, les Anglais n'eurent qu'à s'en louer dans cette pénible circonstance. Les officiers des régiments offrirent de partager leur bourse avec leurs camarades vaincus. Touché de ces bons procédés, Cornwallis écrivait au ministre de la guerre :

" — La générosité, la délicatesse des Français, le tact qu'ils apportent dans leurs relations avec nous, sont au-dessus de tout éloge. J'espère que le souvenir de leur conduite sera présent à l'esprit des officiers anglais toutes les fois que, par les hasards de la guerre, un officier français tombera en leur pouvoir [1] ".

N'était-ce pas le même sentiment de reconnaissance militaire qui animait l'amiral Hyde Parker lorsqu'il

---

1 — Charles, comte et marquis de Cornwallis, naquit en Angleterre, le 31 décembre 1738. Elevé à Cambridge et à Eaton, il entra dans l'armée et fit, en 1765, la campagne d'Allemagne, comme aide de camp de lord Granby. Comme membre de la Chambre des lords, il s'opposa de toutes ses forces à la guerre américaine. Après la capitulation de Yorktown, il retourna en Angleterre, devint tour à tour gouverneur général des Indes, lord lieutenant d'Irlande et vice-roi des Indes. Il mourut à Chazapoure, le 5 octobre 1805. Il fut un de ceux qui négocièrent le traité d'Amiens. Napoléon Ier l'avait en haute estime, et disait :

" — Lord Cornwallis est le premier Anglais que j'approche et qui me donne une idée complète et favorable de sa nation ".

écrivait à Lamothe-Piquet, après le combat de Port-Royal, dans les Antilles ?

"— Monsieur, j'ai reçu la lettre que Votre Excellence m'a fait l'honneur de m'envoyer par le petit *Saint-Michel.* Quoiqu'il y ait très peu de temps que vous m'ayez enlevé une frégate et plusieurs autres bâtiments, je ne puis m'empêcher de vous estimer et de vous admirer. La conduite que Votre Excellence a tenu pendant l'affaire du 18 de ce mois justifie pleinement la réputation dont vous jouissez parmi nous, et je vous assure que je n'ai pu sans envie, être témoin de l'habileté que vous avez fait voir en cette occasion. Nos inimitiés sont passagères et dépendent de nos maîtres, mais votre mérite a gravé dans mon cœur la plus grande admiration pour vous. Je prendrai toujours le plus grand soin pour que vos parlementaires et vos prisonniers soient bien traités, et je saisirai avec plaisir toutes les occasions qui pourront se présenter pour vous donner des preuves de la considération et de l'estime avec laquelle je suis de Votre Excellence … ".

Voilà, à cette époque, quels étaient les sentiments de courtoisie qui animait les officiers des deux nations. Les lettres de Cornwallis et de Parker en font foi.

9

Parmi les tués à Yorktown, on voit le nom du capitaine de Berthelot. M. de Sireuil s'y fit casser la jambe ; M. de Sillègue eut la cuisse traversée par une balle ; le chevalier de Lamothe eut les deux genoux traversés par un projectile, et le comte de Deux-Ponts, reçut une blessure au visage causée par le ricochet d'un boulet qui le couvrit de sable et de gravois.

Et maintenant que nous sommes débarrassé de Bourgoyne continuons à suivre de Chastellux. Il arrive à Lebanon.

" — On croira aisément, dit-il, que je ne fus pas fâché de me trouver dans l'armée française dont les hussards de Lauzun formaient l'avant-garde. J'eus grand plaisir à le rencontrer. Depuis deux mois, j'avais parlé et écouté ; avec lui je conversai, car il faut avouer que la conversation reste encore l'apanage particulier des Français aimables, apanage précieux de notre nation qu'elle néglige peut-être un peu trop et qu'elle pourra perdre un jour. Un Anglais avait coutume de garder le silence parce que, disait-il :

" — Parler nuit à la conversation.

" Cette expression bizarre renferme un grand sens Tout le monde sait parler, personne ne sait écouter ; de sorte que la société de Paris telle que je l'ai laissée ressemble à un chœur d'opéra que quelques coryphées ont seul droit d'interrompre. Chaque théâtre a son coryphée particulier; chaque théâtre a son choriste qui répond à son parterre qui applaudit sans savoir pourquoi. Transplantez les acteurs ou changez de théâtre; la pièce n'a plus d'effet. Heureux encore les spectateurs lorsque le répertoir est abondant, et que la même production n'est pas répétée jusqu'à satiété.

" A 200 pas du gué, mais à plus de quarante milles du lieu où j'étais parti, je trouvai l'auberge que M. Jefferson m'avait indiquée. C'était un des plus mauvais gîte de toute l'Amérique. Madame Tease, maîtresse de la maison, était depuis quelque temps veuve de son mari et je crois qu'elle l'était aussi de tous ses meubles car je n'ai jamais vu de maison si mal fournie. Un mauvais vase d'étain était le seul *bowl* qui servit pour la famille, pour nos domestiques et pour nous; je n'ose dire pour quel usage on nous le proposa encore, lorsque nous allâmes nous coucher. Comme nous étions quatre maîtres sans compter le *rifleman* qui nous avait suivi et que j'avais engagé à souper; il fallut que l'hôtesse et sa famille nous cédassent leur lit. Au

moment où nous nous disposions à en profiter, un grand
jeune homme entra dans la chambre où nous étions
rassemblés, ouvrit une armoire et en tira une petite
bouteille. Je lui demain ce que c'était :

"— C'est, dit-il, une drogue que le docteur du voisinage m'a ordonné de prendre tous les jours.

" — Et pour quelle maladie, ajoutai-je ?

"— Oh ! pas grand chose, me répondit-il, *a little
itch only*. Seulement un peu de gale.

" Je trouvai cet aveu très ingénu ; mais je me félicitai
d'avoir des draps dans mon porte-manteau. On croira
aisément que je ne fus pas tenté de déjeuner dans cette
maison.

" A dix-huit milles de là, nous trouvâmes le moulin
et le meunier. Celui-ci était un jeune homme de vingt-
deux ans, d'une figure charmante, dont les belles dents,
les lèvres vermeilles, les joues fleuries rappelaient le
riant portrait que Marmontel avait fait de Lubin.
Cependant sa démarche et son maintien ne répondaient
pas à la fraîcheur de ses traits. Il paraissait lent, inactif.
Je lui en demandai la raison. Il me répondit qu'il était
toujours languissant depuis la bataille de Guilfort où il
avait reçu seize coups de sabre. Il n'avait pas comme

les Romains de couronnes pour attester sa valeur; il n'avait pas non plus comme les Français de brevet de pension, ni d'honneur, mais à la place un morceau de son crâne que sa femme alla me chercher et qu'elle me fit voir. Certainement je ne m'attendais pas à trouver au milieu de ces solitudes de l'Amérique les déplorables traces du fer européen ; mais ce qui me toucha le plus, fut d'apprendre que ce fut après avoir reçu une première blessure et s'être rendu prisonnier qu'il avait été si cruellement écharpé. Ce malheureux jeune homme me racontait qu'accablé de coups et inondé de sang, il avait encore eu la présence d'esprit de penser que ces cruels ennemis ne voudraient pas laisser subsister un témoin de leur barbarie et qu'il ne lui restait d'autre moyen de sauver sa vie que de paraître l'avoir perdue.

" J'allai demander l'hospitalité à un Ecossais. C'est un vieillard de 72 ans appelé Hodnett, qui est établi en Amérique depuis 40 ans et qui a formé assez récemment l'établissement où il me donne l'hospitalité. Il était empressé, poli et même complimenteur, mais très fier d'être né en Europe et d'avoir passé quelque temps à *Cork*, où il avait manqué, disait-il, une belle occasion d'apprendre le français, car il avait vécu avec plusieurs négociants français dont il se rappelait les noms quoiqu'il y eût déjà plus de cinquante ans. Il me demanda au moins vingt fois si je les connaissais, puis il m'apporta un vieux livre, le seul qu'il eut dans sa maison. C'était un mauvais traité de géographie mais le signet était à l'article de *Cork*, et on voyait qu'il lisait souvent cet article, car le papier était plus usé qu'ailleurs. En me présentant son livre il me dit avec un air d'importance :

" — C'est le meilleur ouvrage de géographie qui existe.

" J'étais bien sûr qu'il n'en avait jamais lu d'autres, mais je m'amusai à lui dire qu'il avait là un vrai trésor, et qu'il devait le garder précieusement. Il ne manqua pas de l'aller serrer sur-le-champ, et il revint bientôt avec un chiffon de papier enluminé qui représentait les armoiries et les devises de la famille des Hodnetts. Je l'assurai qu'il était connu dans toute l'Europe, et certainement ce n'était pas payer trop cher un bon lit et un bon souper, car le lendemain il ne voulut pas faire de mémoire. Cependant je jugeai convenable de payer honnêtement, espérant que la famille des Hodnetts n'en sauraient rien, et ne se croirait pas obligée pour cela d'ajouter à ses armoiries un enseigne de cabaret ".

De Portsmouth, Chastellux écrit :

« — Le 10 au matin, vers dix heures, j'allai faire visite à M. d'Albert de Rions, capitaine de vaisseau, commandant le *Pluton* [1]. Il était établi à terre pour raisons de santé et il y avait sa maison. Il m'invita à dîner et il me conseilla d'accepter, parce que le comte de Vaudreuil était en grand désarroi à son bord, à cause du coup de tonnerre qui cinq jours auparavant avait coupé son mât de misaine et percé son vaisseau jusqu'à la première batterie. Du reste il m'offrait son canot

---

1 — En rendant compte au roi de la prise de l'*Expériment* par le *Sagittaire* que commandait le capitaine d'Albert de Rions, le comte d'Estaing disait :

« — Le roi n'a point de capitaine de vaisseau plus hardi, ayant plus le désir de bien faire, ni meilleur manœuvrier que M. d'Albert de Rions. — Chevalier, *Histoire de la Marine*, page 153.

D'un autre côté une autorité incontestable en fait de choses maritimes, le bailli de Suffren, écrivait au ministre, au moment où il faisait une de ses glorieuses croisières dans la mer des Indes.

« — Je ne connais qu'une personne qui ait toutes les qualités que l'on peut désirer ; qui est très brave, très instruit, plein d'ardeur et de zèle désintéressé, bon marin ; c'est M. d'Albert de Rions, et fût-il en Amérique, envoyez-lui une frégate. J'en vaudrai mieux car il m'aidera, et si je meurs vous serez assuré que le bien du service n'y perdra rien. Si vous me l'aviez donné quand je vous l'ai demandé, vous seriez maître de l'Inde.

pour aller à bord de l'*Auguste*. Je retournai chez moi
pour prendre mon manteau. Il était à peu près midi
lorsque je m'embarquai dans le canot de M. d'Albert.
Je trouvai M. de Vaudreuil à son bord, et il me présenta les officiers de son vaisseau et ensuite ceux de
son détachement, parmi lesquels je trouvai trois officiers
de mon ancien régiment de Guyenne, à présent le Vien-
nois. Ensuite, il me mena voir les ravages que le tonnerre avait fait sur son bord. Voici comment M. de
Biré, qui commandait alors le vaisseau — M. de Vaudreuil ayant couché à terre — me raconta ce malheureux
événement : il était deux heures et demie après-minuit,
et il faisait une pluie très violente ; tout à coup on
entendit une formidable explosion. La sentinelle qui
était sur la galerie rentra toute effrayée dans la chambre
du conseil et rencontra M. de Biré qui était sauté à bas
de son lit ; tous deux furent frappés de l'odeur du souffre
répandue autour d'eux, On sonna aussitôt la cloche et
on alla visiter le vaisseau. Il se trouva que le mât de
misaine avait été coupé à quatre pieds du gaillard, qu'il
avait été enlevé en l'air et qu'il était ensuite tombé per-
pendiculairement sur le gaillard qu'il avait enfoncé ainsi
que la seconde batterie. Deux matelots avaient été

écrasés par sa chute, deux autres qu'on n'a pu retrouver ont été sans doute jetés à la mer par la commotion, et plusieurs autres ont été blessés.

" En quittant l'*Auguste,* nous allâmes dîner chez M. d'Albert de Rions, puis prendre le thé chez le colonel Langhedon.   C'est un grand homme, d'une belle figure et d'un maintien fort noble.   Il a été membre du Congrès et il est encore un des principaux personnages de son pays.   Sa maison est jolie, bien meublée et les appartements sont parfaitement boisées.   La femme est jeune et d'une belle figure ; mais je causai beaucoup moins avec elle qu'avec son mari pour lequel j'étais favorablement prévenu, parce que je savais que lors de l'expédition de Bourgoyne, il avait montré beaucoup de courage et beaucoup de patriotisme.   En effet, il se rendit à la chambre du Conseil dont il était membre et voyant qu'on allait discuter quelques objets de peu d'importance, il dit :

— " Messieurs, vous pouvez parler tant que vous voudrez, mais je sais que l'ennemi est sur nos frontières. Je vais prendre mes pistolets et monter à cheval pour combattre avec mes concitoyens.

" La plupart des membres du Conseil le suivirent et

ils joignirent le général Gates à Saratoga. Comme il marchait jour et nuit, ne se reposant que dans les bois, un nègre favori qui l'avait suivi, lui dit :

— « Maître, vous vous donnez bien du mal, mais vous allez combattre pour la liberté ; je souffrirais aussi avec patience, si j'avais la liberté à défendre.

— « Qu'à cela ne tienne, reprit M. Langhedon ; dès ce moment je te la donne.

« Le nègre le suivit, se conduisit avec courage et ne l'a pas quitté depuis.

Il y a loin du dévouement du nègre du colonel Langhedon à ce que disait le comte de Firssen, officier suédois, servant alors dans l'armée de l'indépendance américaine. J'en parlerai plus loin dans ces notes. Ne semble-t-il pas qu'il fait la prophétie de la guerre de la succession lorsque dans une lettre que je résume, il constate qu'à cette époque il y avait en Virginie à peu près vingt noirs contre un blanc. « Voilà la raison qui a empêché cet Etat d'envoyer peu d'hommes à la guerre. Les hommes d'affaires sont considérés ici comme étant d'une caste inférieure. Les planteurs ne les acceptent pas comme gentilshommes. Ils ne veulent avoir aucun rapport sociaux avec eux. Les planteurs ont ici les idées les plus aristocratiques. Je voudrais bien savoir comment on a pu les amener à accepter un gouvernement qui a maintenant pour programme le principe de l'égalité. Le même esprit qui, un jour, les a engagé à secouer le joug britannique pourra bien un jour les entraîner à une autre révolte. Je ne serais pas surpris alors de voir la Virginie se séparer des autres Etats une fois la paix signée ".

On raconte aussi une autre épisode de cette guerre.

En voyant la flotte du comte d'Estaing apparaître et s'approcher de la batterie du fort de Rhode-Island, les Anglais ouvrirent le feu. Plusieurs boulets arrivèrent en ville et l'un d'eux passa par la porte de la maison de madame Masson, juste à la hauteur du plancher. Un nègre accourut s'installer dans ce trou. On lui demanda ce qu'il faisait là.

" — Vous savez bien, maître, que deux boulets ne passent jamais dans le même endroit ".

Boston, le vieux Boston avait un attrait pour Chastellux.

" — Un soir, dit-il, on me conduisit au club de cette ville.

" Cette assemblée se tient tous les mardis et en rotation, chez les différents membres qui la composent. Elle était ce jour-là chez M. Russell, honnête négociant qui nous reçut à merveille. Les lois de ce club ne sont pas gênantes. On a limité seulement le nombre des plats qu'on sert à souper, et il ne doit en avoir que deux de viande ; car le souper n'est pas le repas des Américains. Les légumes, les pâtes, les *pies* et surtout les bons vins n'y sont pas épargnés. On s'assemble après l'heure du thé, on joue, on cause, on lit les papiers publics et l'on se met à table entre neuf et dix. Le souper fut aussi libre que s'il n'y avait pas eu d'étrangers ; on entonna des chansons de table. Un certain M. Stewart en chanta d'assez gaies et avec une assez bonne voix ".

Mais il faut quitter toutes ces bonnes choses et Chastellux devient tout à coup ému.

" — Je viens de faire mes adieux à M. le marquis de Vaudreuil après avoir eu lieu d'être également satisfait de lui et de la ville de Boston. On ne saurait croire combien le séjour de l'escadre a contribué à rapprocher les deux nations et à resserrer les nœuds qui les unissent. La vertu de M. le marquis de Vaudreuil, les bonnes mœurs dont il donne l'exemple, ainsi que celui de la simplicité et de la bonté dans les manières, exemple suivie par les officiers de son escadre, au delà de toute espérance, ont captivé les cœurs d'un peuple qui bien que l'ennemi le plus déclaré des Anglais n'a pas été jusque-là le plus ami des Français.

« J'ai entendu cent fois répéter à Boston que dans le temps même de la plus grande union avec la métropole, jamais un vaisseau de guerre n'avait relâché dans ce port, qu'il n'y eut de querelles très fortes entre le peuple et les matelots, et que l'escadre française y avait passé trois mois sans qu'il se fut élevé seulement la moindre dispute. Les officiers de notre navire ont été reçus partout, non seulement comme des alliés, mais comme des frères. Ils ont été admis à la plus grande familiarité par les dames de Boston, sans qu'une seule indiscrétion, sans que la moindre prétention ou la plus petite apparence de fatuité ait troublé la confiance et l'innocence de ces liaisons ».

Au milieu de ces réflexions, il note toujours ses tribulations d'auberge. Tout en cheminant, il constate ce qui suit :

« — J'eus la douleur d'apprendre que l'auberge peu considérable où je devais passer la nuit était occupé par treize fermiers et 250 bœufs qui venaient de New-

Hampshire. Les bœufs étaient les moins gênants de toute la compagnie. On les avait conduit à quelque distance de là, dans une prairie où on les avait livré à leur bonne foi, sans laisser aucune garde auprès d'eux, pas même celle d'un chien ; mais les fermiers, leurs chevaux et leurs chiens étaient possesseurs de l'auberge. Je m'informai de la raison qui les faisait voyager ainsi et j'appris qu'ils conduisaient à l'armée une partie du contingent en subsistance que le New-Hampshire lui fournit. Ce contingent est une espèce de taxe qui se répartit sur tous les habitants, lesquels sont imposés les uns 150, les autres 100 ou 80 livres de viande, selon leurs moyens, de sorte qu'ils se cotisent entre eux pour fournir un bœuf plus ou moins gros, il n'importe, parce que chaque animal est pesé. La conduite du troupeau est ensuite confiée à quelques fermiers et à quelques valets. Les fermiers ont à peu près un dollar par jour, et leur dépense ainsi que celle du troupeau leur est remboursée à leur retour, sur les reçus qu'ils ont soin de prendre dans toutes les auberges où ils se sont arrêtés. On paie ordinairement depuis six jusqu'à dix sols de France pour chaque bœuf pour une nuit ; le dîner est en proportion.

" Je m'informais de ces détails, tandis que mes gens cherchaient à me loger ; mais toutes les chambres, tous les lits étaient occupés par les conducteurs de bœufs, et je me trouvais dans la plus grande détresse, lorsque un grand et gros homme, le principal d'entre eux, ayant appris qui j'étais, vint à moi et me dit que ni lui ni ses compagnons ne souffriraient jamais qu'un officier général français manquât de lit et que plutôt que d'y consentir ils coucheraient tous sur le plancher ; qu'ils y étaient accoutumés et que cela ne leur ferait pas la moindre peine. Je leur répondis que j'étais militaire et aussi accoutumé qu'eux à avoir la terre pour lit. Grand débat de politesse sur ce point ; la leur était rustre, mais cordiale et plus touchante que les compliments les mieux tournés. Il en résulta que j'eus une chambre et deux lits pour moi et pour mes aides de camp. Mais notre connaissance n'en resta pas là ; après nous être séparés chacun pour ses affaires, moi, pour m'arranger et pour me reposer, eux pour continuer à boire du grog et du cidre, je les vis entrer dans ma chambre. J'étais alors occupé à vérifier ma route sur la carte du pays. Cette carte excita leur curiosité. Ils y virent avec surprise et satisfaction les endroits par lesquels ils avaient passé.

Ils me demandèrent si on les connaissait en Europe et si c'était dans cette partie du monde que j'avais acheté mes cartes. Ils parurent très contents lorsque je leur assurai que nous connaissions aussi bien l'Amérique que les pays les plus voisins du nôtre. Mais leur joie n'eut pas de bornes, dès qu'ils reconnurent sur ma carte le New-Hampshire, leur patrie. Ils appelèrent aussitôt ceux de leurs camarades qui étaient restés dans l'autre chambre, et la mienne se trouva remplie de grands hommes, les plus forts et les plus robustes que j'aie encore vus en Amérique. Je parus surpris de leur taille et de leur stature. Ils me dirent que les habitants de New-Hampshire étaient forts et vigoureux, que cela venait de plusieurs raisons, de ce que l'air y était excellent, de ce que l'agriculture y faisait leur seule occupation et surtout de ce que le sang n'y était pas mêlé, ce pays étant habité par des familles d'anciens émigrants venus d'Angleterre. Nous nous séparâmes très bons amis, nous touchant ou plutôt nous secouant la main à la manière anglaise, et ils me dirent qu'ils se trouvaient heureux d'avoir eu une occasion *to shake hands with a French general*; ce qui signifie proprement, secouer la main d'un général français ".

Un peu plus tard, Chastellux n'est pas aussi bien reçu.

" — Je fis l'inspection de mes bagages ; tout ce qui m'était inutile fut empaqueté, le reste enfermé dans des portemanteaux ; et par une promotion faite à la prussienne, mon cheval de charrette fut changé en cheval de bât. La lecture de quelques poètes anglais, la conversation tant avec M. Lynch et de Montesquieu qu'avec mes hôtes me fit passer une très agréable journée. Vers le soir, deux voyageurs entrèrent dans la chambre où j'étais, s'assirent auprès du feu, baillèrent et sifflèrent sans faire aucune attention à moi. Cependant peu à peu la conversation s'engagea, et cette conversation fut très bonne et très agréable. L'un d'eux était colonel de milice ; il avait servi au Canada, s'était trouvé dans différents combats où il avait été blessé. Je dirai une fois pour toute, que parmi les hommes au-dessus de vingt ans que j'ai rencontrés, de quelques conditions qu'ils fussent, je n'en ai pas trouvé deux qui n'eussent pas porté les armes, entendu siffler les balles, et même reçu quelques blessures. De sorte que l'on peut assurer que l'Amérique septentrionale est toute militaire, toute

10

aguerrie et qu'on peut y faire sans cesse de nouvelles levées sans y faire de nouveaux soldats ".

A West-Point, Chastellux fait la rencontre du major Frank, ci-devant aide de camp du général Aroold. " *Il venait d'être jugé et acquitté honorablement* par un conseil de guerre qu'il avait demandé lui-même après l'évasion et la trahison de son général. Il parle bien le Français ; il l'a appris au Canada, où il était établi. Il a reçu un coup de fusil dans la mâchoire à l'attaque de Québec, combattant à côté d'Arnold et ayant déjà pénétré dans la ville ".

Celui-ci lui fit constater qu'à l'attaque de Stony-Point, une colonne conduite par le marquis de Fleury, plus tard colonel du régiment de Pondichéry, ne tira pas un seul coup de fusil, força les abatis et les retranchements et entra avec les fuyards dans le redoute. L'attaque fut si vive de la part des Américains et l'épouvante fut telle de la part des Anglais que M. de Fleury qui était entré le premier se trouva en un instant chargé de onze épées qu'on lui avait remise en demandant quartier.

Une autre chose frappe aussi le chevalier de Chastellux.

Le général américain Know faisait la campagne

avec sa femme, un enfant de six mois et une fille de trois ans.

" — C'est un gros homme, très dispos. Il a 35 ans ; est d'un caractère gai et aimable. Avant la guerre il était libraire, à Boston, et il s'était amusé à lire quelques livres militaires qui étaient dans sa boutique. Telle est l'origine des premières connaissances qu'il a acquises sur la guerre et du goût qu'il a toujours eu pour la profession des armes. Dès la première campagne on lui confia l'artillerie, et il s'est trouvé qu'on ne pouvait la mettre entre meilleures mains.

Il commanda l'artillerie du siège à Yorktown. On ne peut admirer assez l'intelligence et l'activité avec laquelle il rassembla de différents côtés, fit transporter, débarquer et conduire aux batteries les pièces qui étaient destinées pour le siège et qui consistaient de plus de trente pièces de canon ou mortiers de gros calibres. Cette artillerie a toujours été très bien servie, le général Know ne cessant de la diriger et prenant souvent la peine de pointer lui-même les mortiers. Il n'a presque jamais quitté les batteries, et lorsque la ville fut rendue il eut encore besoin de la même activité et des mêmes ressources pour faire évacuer et transporter l'artillerie des ennemis qui consistait en plus de 200 bouches à feu avec toutes les munitions qui en dépendent. Le grade de major général fut la récompense de ses services ".

Une curieuse anecdote se rapporte au siège de Yorktown. Le général Nelson avait une superbe résidence en ville ; elle était aux mains de l'ennemi. Un soir, étant de tranchée, il promit à chaque pointeur de pièce une guinée pour chaque boulet qui atteindrait cette résidence qui lui était chère, mais qui n'était plus pour lui que le repaire où l'ennemi tramait des complots contre la liberté de son pays.

Dernièrement en lisant le *Courrier des Etats-Unis*, je tombais sur l'entrefilet suivant. Il est intitulé : Une maison historique.

" — On mande de Washington que M. Tyler, de la Virginie, vient de déposer au Congrès un projet de loi tendant à allouer au gouvernement une somme de $10,000 pour l'achat de l'ancienne maison Nelson à Yorktown. Quoique construite en 1712, cette maison, qui est en brique, est fort bien conservée. C'est là que demeurait, pendant la guerre de l'indépendance, le général Thomas Nelson, qui fut le compagnon d'armes de Washington et de la Fayette. Pendant la bataille de Yorktown, le général Nelson fit canonner lui-même sa maison parce qu'elle se trouvait dans les lignes anglaises. En 1824, lors du dernier voyage de la Fayette en Amérique, une brillante réception lui fut donnée à la maison Nelson qui avait été restaurée depuis longtemps. Telle est la maison historique que M. Tyler voudrait faire acquérir et conserver par le gouvernement fédéral".

Si le projet de M. Tyler est mis à exécution cette maison verra encore une fois flotter sur elle le drapeau américain, mais ce ne sera pas celui devant qui vinrent s'incliner ceux de Cornwallis, lors de la capitulation de Yorktown.

En quittant le pavillon anglais, les Américains avaient pris pour armes un serpent à treize sonnettes, de même aussi qu'un bras armé de treize flèches pour représenter les treize provinces unies du continent.

Telles ont été les premières couleurs américaines.

IV

ÉTUDES D'ÉCONOMIE POLITIQUE, QUESTIONS SOCIALES, CHASTELLUX HOMME DE LETTRES

Dans les notes suivantes, le chevalier de Chastellux se révèle sous une nouvelle forme. Il est tour à tour politique et admirateur de la nature. Il décrit des paysages, il étudie les impôts, il veut se rendre compte des choses du commerce, de la colonisation, il fait de la linguistique.

" — Près d'Hartford, dit-il, avant d'arriver chez M. Kindall, je passai devant une hutte qui méritait à peine le nom de *log-house* et qui n'était pas à moitié couverte. C'était un Canadien-français qui était journalier et qui avait changé plusieurs fois de demeure. Il avait sept enfants et maintenant il était bien décidé de mourir où il avait bâti sa cabane ".

Depuis, dans ces régions révélées à Chastellux par le travail de ce pauvre bûcheron, il y a 279,540 Canadiens-français qui couvrent le Maine, le Nouveau-Hampshire, le Vermont, le Massachusetts, le Rhode-Island, le Connecticut. Voilà le miracle qui s'est fait en moins de 100 ans puisque je cite les chiffres du récensement de 1880.

Plus tard, on retrouva les lignes suivantes dans les mémoires de voyage de Chastellux.

" — Tandis que je méditais sur le grand travail de la nature qui emploie des milliers et des milliers d'années à rendre la terre habitable, un nouveau spectacle, bien propre à contraster avec l'objet de mes contemplations, fixa mes regards et excita ma curiosité. C'était l'ouvrage d'un seul homme qui, dans l'espace d'une année, avait abattu plusieurs arpents de bois et s'était construit une maison au milieu d'un terrain assez vaste qu'il avait dejà défriché. Je voyais pour la première fois ce que j'ai vu cent fois depuis. En effet, quelques montagnes que j'aie gravies, quelques forêts que j'aie traversées, quelques chemins détournés que j'aie suivis je n'ai jamais fait trois milles sans trouver un établissement ou commençant à se former ou étant en valeur.

" Voici comment on procède à ces nouvelles cultures qu'on appelle *improvements* ou *new settlements* — améliorations ou nouveaux établissements —. Tout homme qui a pu se procurer un fonds de six à sept cents livres de notre monnaie et qui se sent la force et la volonté de travailler, peut aller dans les bois et y acheter une portion de terre, communément de 150 à 200 acres, qui ne lui revient guère qu'à un dollar ou cent sous l'acre et dont il ne paie qu'une petite partie en argent comptant. Là, il conduit une vache à lait, quelques cochons, ou seulement une truie pleine et deux chevaux médiocres qui ne lui coûtent pas plus que quatre louis chacun. A ces précautions il joint celle d'avoir quelques provisions en farine et en cidre.

" Muni de ce premier capital, il commence par abattre tous les petits arbres et quelques fortes branches des plus gros ; il s'en sert pour faire des *fences* ou barrières du premier champ qu'il veut défricher ; ensuite il attaque hardiment ces chênes ou ces pins immenses qu'on prendrait pour les anciens seigneurs de terrain qu'il vient usurper. Il les dépouille de leur écorce, ou les cerne tout autour avec la hache. Ces arbres blessés mortellement se voient au printemps suivant privés de leurs honneurs et bientôt leurs tiges ne sont plus qu'un squelette hideux. Cette tige semble encore braver les efforts du nouveau colon ; mais pour peu qu'elle offre quelques crevasses, quelques fentes, on l'entoure de feu et la flamme consume ce que le fer n'a pu détruire. Mais il suffit que les petits arbres soient abattus et que les grands aient perdu leur sève ; lorsque cet objet est rempli le terrain est éclairci, *cleared* ; l'air et le soleil commencent à entrer en contacte avec cette terre toute, formée de végétaux détruits, cette terre féconde qui ne demande qu'à produire. L'herbe croît avec rapidité ; dès la première année les bestiaux ont de quoi vivre ; on les laisse se multiplier ou même on en achète de nouveaux et on les emploie à labourer une portion de terrain dans lequel on sème du grain qui rend vingt à trente pour un ".

" L'année d'après nouveaux abatis, nouvelles *fences*, nouveaux progrès. Enfin au bout de deux ans le colon a de quoi vivre et même de quoi envoyer des denrées au marché. Au bout de cinq ans il achève de payer son terrain et se trouve un cultivateur aisé. Alors l'habitation qui n'était d'abord qu'une grande hutte fermée par un carré de troncs d'arbres qu'on avait placé les uns sur les autres, et dont les intervalles étaient remplies par de la terre pétrie dans l'eau, se change en une jolie maison de bois, où l'on se ménage des appartements plus commodes et certainement plus propres que la plupart que ceux que l'on trouve dans nos petites villes. C'est l'ouvrage d'un mois ou de trois semaines. La première habitation a été celui de deux fois vingt-quatre heures. On me demandera peut-être comment un seul homme ou un seul ménage peut se loger si promptement. Je répondrai qu'en Amérique un homme n'est jamais seul, jamais un être isolé. Les voisins, car on en trouve partout, se font une partie de plaisir d'aider le nouveau venu ; une pièce de cidre bue en commun et gaiement, ou bien un gallon de rhum, sont les seules récompenses dont ces services soient payés. Tels sont les moyens par lesquels l'Amérique septentrionale qui n'était, il y a cent ans, qu'une vaste forêt, s'est peuplée de trois millions d'habitants, et tel est le bénéfice inconnu assuré à l'agriculture, que malgré la guerre non seulement elle se soutient partout où elle a déjà été établie, mais qu'elle s'étend encore dans les lieux qui paraissent les moins propres à seconder ses efforts. Il y a quatre ans qu'on aurait fait dix milles dans les bois que j'ai traversés, sans avoir une seule habitation ".

Si Chastellux revenait, il trouverait vingt millions d'habitants établis depuis le Massachusetts jusqu'à la Virginie. Cette citation est un bel exemple pour nous. Qui nous dit que dans cent ans d'ici le Canada ne sera pas à son tour un grand peuple ?

Le commerce, les impôts font faire à notre voyageur les réflexions suivantes :

« — M. Tracy, d'après l'usage du pays, nous offrit des pipes et je continuai à raisonner commerce et politique avec lui. Il m'intéressa beaucoup en me racontant toutes les vicissitudes que sa fortune avait éprouvées depuis le commencement de la guerre. Son frère et lui avaient perdu à la fin de l'année 1777, quarante-un navires ; et quant à lui, John Tracy, il ne lui restait plus pour toute espérance qu'une *lettre de marque* de huit canons dont il n'avait pas encore de nouvelles. Il se promenait un jour avec son frère et ils raisonnaient ensemble sur les moyens qu'ils prendraient pour faire vivre leurs familles, car ils étaient mariés tous deux, lorsqu'il apparut une voile qui se rapprochait du port. Il interrompit la conversation et dit à son frère :

« — C'est peut-être une prise qui m'arrive.

« Celui-ci se moqua de lui, mais il prit aussitôt un bateau, alla au-devant du navire, le héla, et apprit effectivement que c'était une prise qui lui appartenait et qui valait 25,000 louis sterlings. Depuis, il a presque toujours été heureux et on croit qu'il possède deux millions au moment présent. C'est un homme sensé honnête, bon patriote. Il a toujours secouru sa patrie dans le besoin. En 1781 il prêta cent mille livres à l'Etat de Massachusetts pour l'habillement des troupes et cela sur un seul *recipissé* du trésorier. Cependant dans cette même année la quantité des taxes qu'il a payées a été jusqu'à 125,000 livres. On a peine à se figurer qu'un seul particulier soit chargé à ce point ; mais il faut savoir qu'outre le droit de cinq pour cent sur les importations, que le Congrès a demandé, l'Etat en a mis un autre de la même valeur à la vente de toute denrée. C'est une espèce d'excise qui se perçoit sur le rhum, le sucre, le café. Ces taxes sont levées avec beaucoup de rigueur. Un négociant qui reçoit un vaisseau est obligé d'en déclarer la cargaison, et rien ne peut sortir du navire ou du magasin sans payer le droit. Il résulte de cette contrainte que les négociants, pour pouvoir user librement de leur propriété, sont obligés de se faire détailleurs eux-mêmes et de payer les droits en entier, quitte à en recouvrer la valeur sur ceux à qui ils revendent.

" En effet, sans cela ils ne pourraient tirer de leur magasin ce qui est nécessaire pour leur propre consommation et pour les petits articles qu'ils se trouvent à portée de vendre à la première main. Ils sont donc obligés de prendre des licences, comme les taverniers et les détailleurs, et ils supportent ainsi tout le poids de l'imposition qu'ils paient à la fois comme négociants et marchands tenant boutique. Quelque patriote que soit M. Tracy, il ne peut s'empêcher de blâmer la rigueur avec laquelle le commerce est traité, rigueur qui vient de la prépondérance des fermiers ou propriétaires de terres et aussi de la nécessité qui force de prendre l'argent où on le trouve, car les fermiers échappent aisément à l'imposition ; les certificats, les reçus. les griévances allégués la réduisent jusqu'à zéro. C'est ainsi qu'un Etat encore enfant a toutes les infirmités de la vieillesse, et que l'impôt s'attache à la source de la richesse même, au risque d'en tarir les canaux ".

Et plus loin il mentionne les grands sacrifices que les Américains s'imposent pour la conquête de leur liberté.

" — Les observations que j'ai déjà eu occasion de faire sur le commerce de la Nouvelle-Angleterre, m'épargnent la peine d'entrer dans aucun détail particulier sur la ville de Boston. Je parlerai seulement d'une vexation qu'on y exerce sur les négociants, vexation plus odieuse encore que celle dont j'ai fait mention au sujet de M. Tracy, et que je n'avais pas encore soupçonnée avant que M. Dick n'en eût fait un détail circonstancié. Outre les droits d'excise et de licence dont j'ai parlé plus haut, les marchands sont soumis à une espèce de *taxe d'aisés*. Cette taxe est imposée arbitrairement par douze *accesseurs*, nommés à la vérité par les habitants de la ville ; mais comme le plus gros négociant n'a pas plus de voix que le plus petit marchand, on peut imaginer comment les intérêts des gens riches sont ménagés par ce comité. Ces douze accesseurs ayant un plein pouvoir d'imposer les gens, suivant leur faculté, ils estiment à vue de pays, la quantité d'affaires qu'un négociant peut avoir et le produit qu'il en peut tirer. Par exemple, M. Brick étant agent de la marine française et de plus intéressé dans plusieurs commerces, entre autres celui des assurances, on calcule combien il peut faire d'affaires ce dont on juge par les lettres de change qu'il endosse et par ses souscriptions, et suivant les estimations où l'on ne tient compte ni des frais, ni des pertes, on suppose qu'il gagne tant par jour. Pendant l'année 1781, M. Brick a payé jusqu'à trois guinées et demi par jour. On sent qu'il n'y a que le patriotisme et l'espérance d'une prompte conclusion qui puisse faire supporter un impôt aussi odieux, aussi arbitraire, mais en même temps on ne peut trop louer la patience avec laquelle le commerce et M. Brick en particulier s'y sont soumis ".

C'est Chastellux qui a donné à la France, l'idée de la régie des tabacs.

" — Ces magasins *(warehouse)*, dont on a construit une grande quantité en Virginie, mais dont malheureusement une partie a été brûlée par les Anglais, sont sous la direction de l'autorité publique. Il y a des inspecteurs nommés pour vérifier la qualité du tabac que les planteurs y font porter, et s'ils la trouve bonne ils donnent un reçu de la quantité. Alors le tabac peut être considéré comme vendu, car les *recipissés* sont monnaie dans le pays. Je suppose par exemple que j'aie déposé à Petersbourg vingt *hogsheads* ou boucauts de tabac, je puis m'en aller à cinquante lieux de là, comme à Alexandrie ou à Fredericsburg, et si j'ai besoin d'acheter des chevaux, des draps ou toute autre chose je les paye avec mes reçus, lesquels circulent.

" J'ai payé ma montre dix *hogsheads* de tabac ; ce cheval m'a coûté quinze *hogshead ;* on m'en offre vingt.

« Il est vrai que le prix de cette denrée qui est presque toujours le même en temps de paix, peut varier en temps de guerre ; mais alors, celui qui la reçoit en paiement, faisant un marché libre calcule ses risques et ses espérances. Enfin on doit regarder cet établissement comme très utile, puisqu'il met les denrées en valeur et en circulation, dès qu'elles sont recueillies et qu'il rend en quelque sorte le cultivateur indépendant du marchand ».

De retour à Hartford, Chastellux fait la rencontre du gouverneur Trumbull auteur d'une *Histoire de la Révolution*. Il eut l'occasion d'en voir l'Introduction à Philadelphie, entre les mains de M. de la Luzerne. Un fait intéressant m'a frappé, dit Chastellux.

« — On lit dans le Journal du gouverneur Winthrop, à l'année 1670, que les membres du conseil de Massachusetts ayant été avertis par leurs amis à Londres de s'adresser au Parlement à qui le roi laissait alors beaucoup d'autorité et ayant été conseillés de suivre cette voie pour obtenir le redressement de quelques griefs, le conseil, après avoir mûrement délibéré, jugea à propos de décliner cette proposition, réfléchissant que si jamais il se mettait sous la protection du Parlement, il serait obligé de se soumettre aux lois que cette assemblée pourrait imposer soit à la nation en général soit aux colonies en particulier. Or rien ne prouve mieux que dans l'origine ces colonies n'ont jamais reconnu l'autorité du Parlement, ni pensé qu'elles eussent pu être liées par les lois qui pourraient en émaner ".

Chastellux s'est aussi occupé de linguistique. Il vous dira franchement :

— J'ai passé une nuit très *confortable*, expression fort usitée en Amérique et qui n'a pas besoin de traduction.

Il avouera aussi qu'il aime beaucoup le *towdy*, " boisson faite, dit-il, avec du rhum, du sucre et de l'eau. C'est proprement parlé, ajoute-t-il, du punch sans citron ".

Il ajoutera :

"— Ce qu'on appelle en Amérique " *town* " ou " *township* " n'est qu'un certain nombre de maisons dispersées dans un grand espace mais qui appartiennent à la même corporation et envoient des députés à l'assemblée générale de l'Etat.

" Le centre, ou le chef-lieu de ces villes est le *meeting-house*, ou l'église. Cette église est quelquefois seule, quelquefois accompagnée de quatre ou cinq maisons seulement ; d'où il résulte cette question :

" — Combien y a-t-il d'ici à la ville ?

11

" — Mais vous y êtes déjà.

" Tout de même si le voyageur vient à spécifier l'endroit où il a affaire, soit le *meeting-house*, soit telle ou telle taverne, on lui répond quelquefois :

" — Il y a encore sept ou huit milles ".

Une de ses notes constate ce fait qui est vrai :

" — La partie de la langue créée en Amérique est extrêmement pauvre. Tout ce qui n'avait pas reçu de nom anglais n'en a reçu ici qu'un simplement désignatif. Le geai est l'oiseau bleu, le cardinal est l'oiseau rouge ; tout oiseau d'eau est un canard, depuis la sarcelle jusqu'au canard des bois et au gros canard que nous n'avons pas en Europe. Il les appellent canards rouges,— *red ducks*,—canards noirs,—*black ducks*,—canards des bois,—*wood ducks*. Il en est de même des arbres ; les pins, les cyprès, les sapins sont tous compris sous le nom de *pine trees*, et si le peuple caractérise quelqu'arbre en particulier, c'est l'usage auquel on les emploie, comme *wall nut*, noyer à muraille, parce qu'il sert à construire les maisons de bois. Je pourrais citer beaucoup d'autres exemples, mais il suffit d'observer que cette pauvreté dans le langage prouve combien l'attention des hommes a été employée aux objets d'utilité, et combien en même temps elle a été circonscrite et renversée par le seul intérêt dominant ; celui d'augmenter les richesses plutôt par le travail que par l'étude.

" Les Américains témoignaient plus de surprise que d'humeur quand ils trouvaient un étranger qui n'entendait pas l'anglais. Dans les commencements, ils croyaient que cette langue était universelle en Europe, mais ils devaient cette opinion à un préjugé d'éducation, à une espèce d'orgueil national ; ce même orgueil avait à souffrir lorsqu'ils se souvenaient, et cela arrivait souvent, que la langue du pays était celle de leurs oppresseurs. Aussi évitaient-ils d'employer ces expressions :

" — Vous parlez bien l'anglais, vous entendez bien l'anglais.

" Mais je les ai entendu dire souvent :

" — Vous parlez bien américain ; l'américain n'est pas difficile à apprendre.

" On a été plus loin ; on a proposé sérieusement d'introduire un nouveau langage, et quelques personnes voulaient pour la commodité du public, que ce fut *l'hébreux qui prit la place de l'anglais. On l'avait enseigné dans les écoles, et il avait servi à tous les actes publics.* On imagine bien que ce projet n'a pas eu de suites, mais on en conclura du moins que l'aversion des Américains pour les Anglais ne pouvait se montrer d'une manière plus énergique ".

Aussi littérateur délicat, que bon militaire, Chastellux, dans un de ses moments de loisir à Newport a traduit ce beau sonnet de Métastase :

" — L'onde une fois séparée de l'Océan, erre sur les montagnes ou baigne les vallées ; tantôt elle voyage avec les fleuves, tantôt elle est retenue prisonnière dans les fontaines ; mais elle murmure et gémit sans cesse, jusqu'à ce qu'elle soit retournée vers la mer.

" A la mer son séjour natal, à la mer son dernier asile, où fatiguée de ses longues erreurs, elle espère enfin trouver quelque repos ".

Lors de son passage à Philadelphie, Chastellux avait été nommé " *Associated member of the American Academy* ".

Rentré en France, Chastellux écrivit entre autres études un traité remarquable sur la " Félicité publique ". Il devint membre de l'Académie française, et plus heureux que son camarade Lauzun, il mourut dans son lit, à Paris, le 24 octobre 1788.

III

I

ARMÉE ET MARINE FRANÇAISE AU TEMPS DE WASHINGTON

SABRE ET GUILLOTINE

Et maintenant causons de l'armée française qui a pris part à la guerre de l'indépendance américaine.

Pendant onze mois elle occupa Newport. Elle se composait de cinq mille hommes. Parmi les officiers se trouvaient de Gouvion, officier du génie, de Saint-Simon, officier espagnol, qui était major général. Le marquis de Laval commandait le régiment de Bourbonnais. Le comte de Damas était la plupart du temps chargé des reconnaissances. Il y avait aussi Rochambeau, fils [1]. Son père, d'après Firsen, était méfiant, hautain, ce que l'on appelle au régiment " un casseur ".

Il ne se fiait à personne, ce qui le rendait fort impopulaire avec ses officiers ; mais il n'en savait rien, car tout le monde dissimulait pour le plus grand bien de la cause américaine.

Ceci était écrit en date de Newport, le 17 mai 1781. Plus tard, en date de Boston, le 30 novembre 1782,

---

1 — Il est bon de rappeler ici les noms des autres officiers français que j'ai pu retrouver dans les documents de l'époque. Ils étaient alors cantonnés à Newport.

Commandant en chef : — Le comte de Rochambeau, lieutenant général, commandant Grand'Croix de Saint-Louis.

Maréchaux de camp : — Le baron de Vioménil ; le comte de Vioménil ; le chevalier de Chastellux.

Quartier-maîtres généraux : — De Béville, brigadier ; de Choisy, brigadier ; Louis-Alexandre Berthier ; César Berthier.

Intendants : — De Tarlé, intendant ; de Blanchard, principal et provincial.

Artillerie : — D'Aboville, colonel et commandant.

Aides de camp de M. de Rochambeau : — Le comte de Firsen, capitaine ; le comte de Damas, capitaine ; le chevalier de Lameth, capitaine ; le baron de Clossen, capitaine ; Dumas, capitaine ; de Lauberdière, capitaine ; de Vauban, capitaine.

Aides de camp de M. de Vioménil : — Le comte de Chabannes, capitaine ; de Bange, lieutenant ; chevalier d'Olonne, capitaine.

Aides de camp de M. de Chastellux : — De Montesquieu ; Lynch.

Firsen changea d'opinion. Il disait à son père que le général en chef français venait de partir pour Providence.

« — Toute l'armée regrette Rochambeau et avec raison ».

Le même jour il écrit encore à son père que " Vioménil était colère. Il n'avait pas ce don qu'avait Rochambeau de se contrôler ... Celui-là était seul ici à

Bourbonnais : — Le marquis de Laval - Montmorency ; le vicomte de Rochambeau, colonel en second.

Royal Deux-Ponts : — Le comte Christian de Deux-Ponts ; le comte Guillaume de Deux-Ponts, lieutenant-colonel.

Saintonge : — Le comte de Custine, brigadier ; le vicomte de Chartres.

Soissonnais : — De Saint-Mesmes, colonel commandant ; le vicomte de Noailles, second colonel.

Légion de Lauzun : — Le duc de Lauzun ; le comte Arthur Dillon.

Artillerie : — Nadal, lieutenant-colonel, directeur du parc ; de Lazier, major de l'équipage.

Génie : — Desandrouins, colonel commandant ; de Quérenel, lieutenant-colonel ; chevalier D'Ogré ; Caravagne ; D'Opterre, capitaines ; le baron de Turpin, capitaine.

Médecins militaires et hôpitaux : — Coste, médecin en chef ; Robillard, chirurgien en chef ; Daure, commissaire ; Demars, directeur des hôpitaux ; Boulay, trésorier.

Les autres étaient MM. Beausieur ; Menant ; Giraudy et Petitbeau.

Etat-major : — Aides du major général.

manier le commandement. Nos armées se sont toujours entendues, tant qu'il a été à notre tête. Quelquefois, nos alliés n'agissaient pas très bien avec nous et je dois le dire, notre séjour parmi eux n'a jamais augmenté ni diminué l'estime que nous avions pour eux. L'exemple de Rochambeau a été puissant sur l'armée. La discipline sévère qu'il a maintenue faisait rester chacun dans la limite de son droit. Les Anglais, les Américains qui en ont été témoins ne pouvaient s'empêcher

---

Le chevalier de Tarlé, lieutenant-colonel.
Le chevalier de Menonville.
Aides des quartiers-maîtres généraux : — Le chevalier de Béville, capitaine ; Collot.
Les autres stationnés à Newport étaient Dubouchet de Palys, de Doyré de Gazarac, de Plancher, Mauduit, de Corny, de Villemanzy, Gau, Muellins, de Ronchamp, D'Angely, le chevalier de Vioménil — Brintanneau, Saint-Amand — Brison, Sauman, de Baulny, Douré, Marion, Bourguin, Duval, l'abbé de Glesnon, Buret de Blégier, Louis Martin, de Bresolles, de Gambs, le baron d'Ezébeck, Desprez, D'Anselme, D'Espeyron, le comte de Chalus, de la Vallette, de Fleury, de la Tour, de Buzébel, de Chazalles, de la Chaisre, Hugan de Scheldon.
La marine était représentée à terre à Newport par le chevalier de Ternay, commandant ; de Grandchain, major ; de Cayelles, aide-major ; Des Touches, capitaine, capitaine de vaisseau ; de la Grandière, capitaine de vaisseau ; de Lombard, capitaine de vaisseau ; de la Vicomté, capitaine de vaisseau ; de Molevue, capitaine de vaisseau.

de l'admirer. La position sage, prudente, prise par Rochambeau à beaucoup plus contribué à nous concilier les Américains que quatre victoires brillantes auraient pu le faire ".

Il est temps de faire dans ces notes une rectification sur le rôle joué par Rochambeau, à cette époque.

A propos de l'envoi à l'exposition de Chicago des souvenirs de la Fayette, un journal parisien, le *Figaro*, publiait sur la guerre de l'indépendance américaine un article rempli d'inexactitudes. Il y était dit notamment que la Fayette avait reçu devant Yorktown, en 1781, la capitulation de l'armée anglaise de Cornwallis. C'était faire à la Fayette un honneur qui revenait à Washington et à Rochambeau. L'héritier du nom de Rochambeau, qui faisait partie, il y a douze ans, de la délégation française envoyée aux fêtes du centenaire de Yorktown, a adressé au *Figaro* cette lettre rectificative reproduite par le *Courrier des Etats-Unis :*

" Monsieur,

" Je n'ai eu connaissance qu'aujourd'hui de votre article intitulé : *la Fayette en Amérique (Figaro*, du 15 avril), et je crois de mon devoir de vous signaler, dans cet article, une grosse erreur historique que je vous demande de rectifier. Vous écrivez : *la Fayette reçut à Yorktown la définitive soumission de Cornwallis.* Or, il n'y avait à Yorktown que deux généraux susceptibles de recevoir cette soumission : le général Washington, généralissime des troupes américaines, et le lieutenant-général comte de Rochambeau, chargé par le roi Louis XVI de commander l'armée auxiliaire envoyée par la France.

" Le mardi 19 octobre, à midi, les alliés prirent possession d'Yorktown et la reddition des armes et des drapeaux fut sans contredit un des faits les plus imposants de cette lutte héroïque. Une foule immense était accourus pour assister à ce spectacle grandiose et elle témoignait sa joie par de bruyantes acclamations. Mais Washington avait recommandé la retenue devant l'ennemi vaincu et malheureux : aussi un silence respectueux se fit tout à coup lorsque parut le premier soldat anglais.

" On cherchait Cornwallis, mais il ne vint pas ; il était resté malade à son quartier général et le général O'Hara avait dû accepter la douloureuse mission de le remplacer dans cette mémorable journée. Comme l'adjudant-général Dumas le conduisait vers le général Lincoln que Washington avait désigné pour recevoir la capitulation, O'Hara vint présenter son épée au comte de Rochambeau ; celui-ci la refusa et, lui montrant Washington à la tête des troupes : " L'armée française n'est ici qu'auxiliaire, dit-il ; c'est au général américain qu'appartient cet honneur ". Le général anglais, obligé de s'exécuter, s'approcha de Washington et celui-ci désigna Lincoln qui reçut l'épée selon le programme arrêté d'avance. On avait fait 9,181 prisonniers, pris 274 canons et 28 drapeaux.

" Je ne prétends pas, par cette rectification, diminuer le rôle de la Fayette, il n'en restera pas moins le généreux volontaire qui sut, par sa vaillance et son libéralisme sincère, enlever les jeunes légions américaines et les conduire au champ d'honneur à côté des régiments français, vieillis avec leur général sur les champs de bataille de Lawfeld et de Clostercamp.

" Veuillez agréer, monsieur, l'assurance de mes sentiments distingués.

" MARQUIS DE ROCHAMBEAU ".

Le comte Jean-Baptiste Donatien de Rochambeau était né à Vendôme, le 1er juillet 1715. Sa famille le destinait à l'Eglise, et l'évêque de Blois l'appelait familièrement son petit vicaire. La guerre de 1740 décida de sa vocation et à l'âge de 20 ans il était colonel dans le régiment de Saint-Simon. A la bataille de Lawfeld il fut blessé à la tête. Après la paix d'Aix-la-Chapelle, Rochambeau était gouverneur de Vendôme. En 1756 il devenait brigadier général. A la bataille de Clostercamp il reçu une balle dans la cuisse, ce qui ne l'empêcha pas de rester toute la journée sur le terrain. En 1780 il prit le commandement de toutes les troupes françaises destinées à l'expédition d'Amérique. Lors de son retour, le roi lui donna le bâton de maréchal de France sous les murs de Metz. En 1793 il fut condamné à mort par le tribunal révolutionnaire ; mais au moment où il s'avançait vers la fatale charrette, le commandant de l'escorte s'apercevant qu'il n'y avait pas de place lui mit la main sur l'épaule en lui disant :

" — Arrière mon vieux ; ton tour viendra demain ".

Le lendemain, Robespierre était renversé et Rochambeau sauvé. Il est mort le 10 mai 1807, à l'âge de 80 ans. Napoléon l'avait fait grand officier de la Légion d'Honneur. Son nom est encore vénéré aux Etats-Unis. Dernièrement la Société patriotique des enfants de la révolution élevait un monument à sa mémoire à Dobb's-Ferry, près de la maison historique de Livingston, où Washington établit à deux reprises son quartier général. C'est là que Washington et Rochambeau élaborèrent le plan de la campagne de Yorktown, qui devait mettre virtuellement fin à la guerre de l'indépendance, et c'est là que plus tard furent réglés les détails de l'évacuation de New-York par les Anglais, et que ceux-ci reconnurent pour la première fois George Washington comme commandant en chef des armées de la nouvelle république. Washington se disposait à marcher sur New-York pour en expulser les Anglais, qui étaient maîtres de la ville depuis la désastreuse bataille du Long-Island, en 1776, lorsque le 14 août 1781, il fut informé que de Grasse venait de quitter les Antilles avec la flotte française pour se rendre dans la baie de Chesapeake.

Renonçant alors provisoirement à son projet d'attaquer New-York, Washington résolut d'aller mettre le siège devant Yorktown afin de porter un coup décisif à la domination anglaise. On sait quel fut, grâce à l'aide de la flotte française, le succès de la campagne de Yorktown.

Deux ans plus tard Washington était de retour à la

maison Livingston à Dobb's-Ferry et y réglait le 6 mai 1783, avec sir Guy Carleton les détails de l'évacuation non seulement de New-York, mais aussi de toutes les autres parties du territoire de la nouvelle république encore occupées par les troupes anglaises. Après la conférence, Washington, le gouverneur Clinton et les autres officiers furent reçus avec les honneurs militaires, par le général Carleton, à bord du navire de guerre anglais mouillé dans l'Hudson et qui tira une salve de dix-sept coups de canon en l'honneur du commandant en chef de l'armée américaine. Ce fut la première fois que la Grande-Bretagne reconnut publiquement le rang de Washington.

Le monument que la Société des enfants de la révolution américaine a élevé à Dobb's-Ferry, se compose d'une colonne en granit du Maryland, portant les inscriptions suivantes : " Quartier général de Washington. Ici, le 14 août 1781, Washington élabora le plan de la campagne de Yorktown, qui devait mettre une fin glorieuse à la guerre de l'indépendance américaine. Ici, le 6 mai 1783, Washington et sir Guy Carleton réglèrent l'évacuation du sol américain. Et en face, le 8 mai 1783, un navire de guerre anglais tira dix-sept coups de canon en l'honneur du commandant en chef américain, le premier salut de la Grande-Bretagne aux Etats-Unis d'Amérique. — A Washington ; à Rochambeau. — Elevé le 14 juin 1894, par la Société des enfants de la révolution américaine [1]".

---

1 — La bénédiction de ce monument par Mgr Corrigan et son inauguration ont donné lieu à l'échange de courtoisies internationales que je prends plaisir à rappeler ici :

" AMBASSADE DE LA RÉPUBLIQUE FRANÇAISE AUX ÉTATS-UNIS

" Washington, le 11 juin 1894.

" *A M. John-C. Calhoun, président du comité,*

" Cher monsieur,

" A mon retour à Washington après une courte absence, j'ai trouvé la lettre que vous m'avez fait l'honneur de m'adresser le 6 courant. Je m'empresse de vous renouveler l'expression de mes regrets de ne pouvoir assister aux cérémonies patriotiques auxquelles vous m'invitez pour le 14 juin. Les glorieux souvenirs que les Fils de la révolution américaine ont l'intention de perpétuer en élevant un monument à Dobb's-Ferry trouveront toujours un écho dans le cœur du représentant de la France. En associant, comme c'est votre projet à cette occasion, les noms de la Fayette, de Rochambeau et du comte de Grasse à celui de l'illustre fondateur de la République américaine, vous donnez une nouvelle preuve de ce que votre pays n'est pas de ceux qui oublient les services rendus. Permettez-moi de vous remercier au nom de la France et d'exprimer le souhait que l'amitié, qui a été

Un navire de guerre français a porté le nom de *Rochambeau*. Il s'appela d'abord le *Dunderberg*, et fut acheté aux Etats-Unis en 1866. J'ai eu occasion de le visiter. Le lieutenant de vaisseau, M. Maurice Loir, dans son magnifique ouvrage intitulé : " *La marine française* ", en fait ainsi la description :

" Qu'on se figure un vaste pont de monitor de 112 mètres de long sur 22 mètres 50 de large, au centre

---

cimentée, il y a plus d'un siècle, entre nos deux pays sur le champ de bataille de Yorktown, s'accroisse et se développe dans l'avenir, au milieu des luttes pacifiques du commerce et de l'industrie dans lesquels les Etats-Unis affirment chaque jour leur vitalité et leur énergie.

" Veuillez agréer, etc.

(*Signé*) : " Patenôtre ".

Après la lecture de cette lettre, M. Hall a ajouté :

" En réponse à cette lettre si courtoise et en mémoire des secours en hommes, en navires, en argent et en sympathie que le peuple français nous a donnés au moment du besoin, nous allons tirer une salve de vingt et un coups de canon en l'honneur du pays que M. Patenôtre représente. A la France dont les fils ont campé sur ces collines, ont formé le tiers de l'armée de Yorktown, ont mêlé leur sang à celui de nos ancêtres pour la fondation de cette république ; à la France qui nous a envoyé la Fayette, Rochambeau et de Grasse ; à la France, le pays des arts et des lettres, de la chevalerie et de la générosité ; à la France amoureuse de la liberté nous envoyons nos saluts et nos souhaits de paix, de bonheur, et de prospérité ".

duquel s'élevait un fort central casemate. La muraille de ce fort n'avait pas une grande épaisseur, mais au lieu d'être droite comme sur les navires ordinaires elle était inclinée sur l'horizontale, disposition qui empêchait les projectiles de frapper normalement et ajoutait à la résistance de la cuirasse. A son arrivée à Cherbourg, le *Rochambeau* excita l'admiration de nos marins, grâce aux soins éclairés dont il fut l'objet de la part de son commandant, le futur amiral Krantz, qui avait fait déjà sur le *Taureau* son apprentissage des gardes-côtes : le *Rochambeau* donna des résultats inespérés. Il filait plus de quinze nœuds à l'heure, gouvernait admirablement grâce à deux gouvernails. L'un en arrière, l'autre en avant de l'hélice, et sa formidable artillerie de cinq canons de 27 et de dix canons de 24, achevait d'en faire le plus puissant navire qu'on eût jamais vu. Malheureusement il avait été construit en bois et en bois presque vert. Au bout de peu de temps sa coque se détériora, et on a dû le démolir sans qu'il ait rendu à la France les services que l'on pouvait en attendre ".

Rochambeau avait comme aide de camp son fils, le le vicomte Joseph Marie, qui fit avec distinction les campagnes des Indes Occidentales, d'Italie, de Saint-

Domingue et qui fut tué à l'âge de 63 ans à la bataille de Leipzig, le 18 octobre 1813.

Les maréchaux de camp de Rochambeau étaient le chevalier de Chastellux, le marquis et le baron de Vioménil. Le baron Charles du Houx de Vioménil était né en Lorraine, en 1728. En 1781, il fut promu lieutenant général et fut blessé mortellement à l'attaque des Tuileries, en défendant Louis XVI, le 10 août 1792. Son frère le marquis Charles-Joseph-Hyacinthe du Houx du Vioménil, né en 1737, fut gouverneur de la Martinique et mourut maréchal de France, le 5 mai 1827. Les deux de Vioménil étaient les plus beaux hommes de l'armée.

La dicipline des troupes françaises était admirable. A Philadelphie, les *Quakers* en furent tellement frappés qu'ils présentèrent l'adresse suivante à Rochambeau :

"— Général ; nous ne venons pas vous complimenter sur vos qualités militaires. Nous autres nous ne tenons pas compte des talents qui font les soldats. Mais nous venons faire visite au philantrophe qui sait si bien commander à une armée chrétienne et bien diciplinée. Voilà ce qui nous réunit aujourd'hui autour de vous".

Les Américains qui avaient été accoutumés jusqu'à

présent aux exactions des Anglais n'en revenaient pas. Les Français payaient tout comptant. Tout de même les officiers habitués à Versailles, regrettaient les joyeusetés de Paris, les petits soupers, les bals, les théâtres, les chasses et les carrosses du roi. Il leur fallait hiverner à Rhode-Island.

Là, on n'avait pas tout ce qu'il fallait.

En date du camp Crompond, le 3 octobre 1782, Firsen écrit :

« — Nous sortons de la chaleur pour entrer dans le froid. Je suis un des plus heureux. Cette année j'ai une tente, j'ai une paillasse, mais tout de même je n'ai pas de *couvertes*. Cela ne fait rien, mon manteau remédie à tous ces inconvénients ».

Malgré ces misères, à White-Plains les troupes françaises menèrent la vie agréable de Newport.

Ici les forces américaines étaient campées en deux lignes, la droite appuyée sur l'Hudson. Washington avait ses quartiers généraux à la maison du vieux Livingston à Dobb's-Ferry. Souvent il venait à White-Plains, où les officiers français lui faisaient fête. Quand Rochambeau lui offrait à dîner à la maison Odell, on installait de longues tables dans les écuries pour les officiers d'état-major et les crèches servaient à recueillir les chapeaux, les manteaux et les gants. Plus d'un bal fut donné au quartier général. Ils étaient fréquentés par la jeunesse de l'endroit qui venait ainsi fraterniser avec l'élément militaire. Tout le monde admirait le goût que l'on mettait dans l'installation des tentes. C'était parmi les Français à qui se ferait le plus joli jardin. Les uns aimaient les fleurs ; c'étaient les poètes ; les positifs s'en tenaient aux légumes. Ils étaient encore mieux vus que les poètes. On venait au camp aussi pour voir les uniformes de France. La plupart portaient tunique blanche. Leur tricorne selon le régiment avait droit à la plume blanche, rouge ou verte. Les artilleurs avaient une tunique grise avec des revers en velour rouge. Les Américains se pâmaient devant ces uniformes. " *It was a delight to the eye*", dit un chroniqueur.

" — C'était un plaisir pour les yeux ".

L'uniforme était tellement joli qu'à Philadelphie, le brosseur de Rochambeau fut applaudi par le peuple dans la rue. On le prenait pour un général.

Ce fut au cours de ce voyage, que l'aumônier de Rochambeau, l'abbé Robin, retrouva une petite colonie acadienne :

" —La moitié de cette ville, est-il dit dans *Un*

pèlerinage au pays d'Evangéline, livre admirable de l'abbé Casgrain — est habitée d'Acadiens, que les Anglais arrachèrent inhumainement de leurs heureuses contrées pour les laisser sans ressources dans ce nouveau pays. Leur quartier est le moins riche et le plus mal bâti. La tyrannie du gouvernement anglais les a empêchés de profiter de l'heureuse position de cette ville.

" Ils conservent entre eux la langue française, sont demeurés très attachés à tout ce qui tient à leur ancienne nation, surtout à leur culte, qu'ils suivent avec une rigidité des premiers âges du christianisme. La simplicité de leurs mœurs est un reste de celle qui régnait dans l'heureuse Acadie. Leurs prêtres exerçaient sur eux l'empire que les vertus et les lumières donnent sur les hommes qui ne sont pas corrompus. Ils étaient leurs juges, leurs médiateurs, et aujourd'hui même, ils ne les nomment pas sans attendrissement... Leur église est bâtie hors de la ville, sur une hauteur entourée de sept ou huit temples de différentes sectes. Ils se plaignent beaucoup de ne pas retrouver, dans leurs pasteurs actuels le zèle et l'affection de ceux de l'Acadie. Occupés du soin de leurs habitations, ceux-ci donnent peu à l'instruction de leur troupeau ; et presque toutes leurs fonctions pastorales se bornent à une basse messe tous les mois.

" La vie d'un prêtre français semble leur rappeler leurs anciens pasteurs. Ils me sollicitèrent d'officier dans leur église. Je ne pus, en remplissant cette sainte fonction, me dispenser de les féliciter sur leur piété et de leur retracer le tableau des vertus de leurs pères. Je leur rappelais des souvenirs trop chers : ils fondirent en larmes. La musique du régiment que j'avais amenée, contribua encore à émouvoir leurs cœurs ".

S'il faut en croire le comte de Moré de Pontgibeau, l'armée américaine était loin d'avoir la tenue de l'armée française.

" — Je vis épars ou réunis, dit-il, des miliciens mal vêtus, la plupart sans souliers ; un grand nombre mal armés, mais tous assez bien pourvus de vivres, et je remarquai que le thé et le sucre faisaient partie de leurs rations ; je ne savais pas que ce fût l'usage ... En traversant le camp à Valley-Forge, je vis par un autre contraste, des militaires le chapeau sur la tête et par-dessus un bonnet de coton, ayant les uns pour manteau les autres pour surtouts des couvertures de grosse laine absolument semblables à celles que portent nos malades des hôpitaux de France. Je reconnus un peu plus tard que c'étaient des officiers et des généraux ".

Mais il est temps de dire maintenant ce qu'était Firsen, cet excellent camarade de Lauzun et de Chastellux.

Je relève ainsi ses états de service :

" — Le comte Jean Axel de Firsen, né à Turin en 1750, a été aide de camp de Rochambeau et devint plus tard maréchal de Suède. Il resta dans l'armée américaine jusqu'en 1783. En Europe, sa carrière fut mouvementée. Il prit part à la guerre de Suède contre la Russie, fut un hôte assidu de la cour de Versailles, donna à la famille royale des passeports suédois pour lui permettre de gagner la frontière, se déguisa en cocher pour la conduire à Bondy pendant la fameuse fuite vers Varennes, se réfugia à Bruxelles, retourna dans son pays où il y fut nommé sénateur, grand maréchal et chancelier de l'université d'Upsal. En 1810, le prince Frédéric de Schleswig-Holstein mourait à Stockholm ; vers la même époque la rumeur politique accusait la belle comtesse Piper, sœur du maréchal, d'avoir empoisonné son mari. Firsen fut à son tour soupçonné d'avoir assassiné le prince. Il reçut même un avis l'engageant à ne pas aller aux funérailles royales, mais il n'en tint pas compte, et le dix mai de la même année une foule exaspérée l'arrachait de son carrosse, le foulait au pied, l'assommait de coups de canne, de parapluie et de bâtons ".

M. Marmier, de l'Académie française, donne la version suivante sur ce tragique événément :

" — Le duc de Sudermanie fut élu roi de Suède en 1809, mais l'âge avait affaibli ses qualités énergiques, et il n'avait pas d'enfants. La Diète choisit pour le seconder dans son administration et pour lui succéder au trône, le prince Christian d'Augustenbourg, et six mois après ce prince tombait frappé d'un coup d'apoplexie devant un régiment qu'il passait en revue. Le peuple qui n'avait fait qu'entrevoir encore son futur roi et qui l'aimaient comme les peuples aiment les princes dont ils n'ont point essayé le pouvoir, entra en fureur à la nouvelle de cette mort subite et crut à un empoisonnement. Quand le convoi mortuaire entra dans les rues de Stockholm, une populace effrénée se précipita au-devant des chevaux, arrêta la voiture du comte de Firsen auquel on attribuait la mort du jeune prince, le saisit dans sa fuite et le massacra. C'est ce même Firsen qui pendant longtemps s'était fait remarquer à la cour de Versailles par la noblesse de sa physionomie et l'élégance de ses manières, celui qu'on appelait le beau Firsen et qui servait de cocher à Marie-Antoinette dans la fuite à Varennes [1].

Les beaux jours de Newport ont été ceux que les Français y ont passé pendant la révolution américaine. Ecoutez ce que dit Drakes dans ses " *Nooks and corners of New England coast* " :

" — Il y avait là de véritables comtes, de véritables ducs, de véritables marquis. L'occupation anglaise n'avait contribué qu'à ruiner la ville. Elle avait touché à son esprit aristocratique, elle l'avait tenu sous son talon. Les Français se plaisaient à respecter la propriété ; ils étaient pleins de prévenance pour les habitants et payaient scrupuleusement tout ce qu'ils achetaient. Ville de garnison en temps de guerre et opprimée également par amis ou ennemis, l'arrivée des troupes françaises à Newport fut considérée comme

---

1 — Xavier Marmier : *Passé et présent : récits de voyages.*

un malheur inévitable ; leur départ comme un chagrin imprévu.

" Les Indiens qui sont bons juges en ces sortes de choses ne s'étonnaient guère quand ils venaient à Newport, de la vue des canons, des troupes et de leurs manœuvres. Cela était dans l'ordinaire. Mais ils n'en revenaient pas de voir des pommiers chargés de fruits et d'apprendre que pendant trois mois les troupes françaises avaient été campés sous ces vergers. L'anglais n'avait-il pas coupé tout ce qu'il y avait d'arbres de rapport sur l'île ".

Il est vrai que l'amiral d'Estaing en eut un instant l'intention. Mais il passa à Newport comme un météore. Après avoir canonné les batteries de sir Robert Pigot et brûlé quelques vaisseaux anglais, il fut à son tour battu par la tempête.

Charles-Henri-Théodot d'Estaing, comte d'Estaing de Saillens était auvergnat comme le marquis de la Fayette.

Pendant les tristes rendez-vous de 1792, d'Estaing ainsi que bien de ses camarades et bien des parents de ses anciens subordonnés d'Amérique, vint porter sa tête sur l'échafaud.

Quelques détails sur cet officier général intéresseront.

" — Au siège de Savannah, Truguet, alors lieutenant

de vaisseau et qui devait mourir pair et amiral de France, remplissait auprès du comte d'Estaing les fonctions de major. Lorsque l'assaut fut commandé, il s'élança un des premiers dans les retranchements ennemis ; mais le feu de l'artillerie qui prenait les assaillants dans presque toutes les directions fut si vif et si bien nourri qu'il les obligea à retraiter après leur avoir tué près de douze cents hommes. Le comte d'Estaing qui dirigeait l'attaque reçut deux blessures graves à la jambe et au bras. Par un hasard heureux, Truguet qui l'avait perdu de vue dans l'action le reconnut gisant parmi les morts et les blessés. Réclamant alors le secours de deux grenadiers, il enleve son général du champ de bataille que sillonnaient encore les boulets et la mitraille. Dans le trajet ses deux grenadiers sont tués : il les remplace par deux autres, et favorisé par un brouillard épais qui s'éleva tout à coup, il parvient enfin à le ramener au quartier de réserve que commandait le vicomte de Noailles. En récompense de la bravoure qu'il avait déployée dans cette campagne, Truguet deux fois blessé reçut la croix de Saint-Louis des mains même du comte d'Estaing[1].

---

1 — *Vie de l'amiral Truguet, Biographies maritimes.*

Un contemporain apprécie d'Estaing en ces termes :

" — Beaucoup d'esprit et d'activité ; moins de jugement ; le cœur, la naissance, les mœurs honnêtes ; sujet à de violents effets de colère ; aime le faîte qu'il croit peut-être nécessaire à la décoration de sa place ; affecte la popularité et néglige certains honneurs afin de s'en attirer de plus grands ; d'un secret impénétrable. Des talents ! il en a de supérieurs avec une singulière aptitude au cabinet dont le travail semble être un délassement pour lui ; mais le goût de système et de réforme le domine et empêche l'effet de ses bonnes qualités ; selon lui l'autorité doit subjuguer tout ".

Le caractère de d'Estaing se révèle tout entier dans la mise en scène de la déclaration de guerre de 1778.

" — Le 20 mai, dit un témoin oculaire, le but de l'expédition était révélé. On était au large de Gibraltar. C'était le matin. Les vaisseaux toutes voiles dehors faisaient route à l'ouest. Deux frégates furent mises l'une au vent, l'autre sous le vent de l'escadre pour chasser et saisir les navires portant le pavillon anglais, pour dénoncer leur approche s'ils étaient supérieurs. Les signaux de l'amiral donnèrent l'ordre à chaque capitaine d'ouvrir le pli qu'indiquait son numéro, et ceux-ci y apprirent la mission qu'ils avaient à remplir ensemble. Au même moment une messe solennelle était célébrée à bord du *Languedoc*. Gérard présenté alors en sa qualité de représentant du roi près du Congrès des Etats-Unis, y assistait à côte de l'amiral et de son état-major en grand uniforme. L'amiral lut à haute voix les instructions qui déclaraient l'ouverture de la guerre, ordonnant de *courir sus* aux vaisseaux de la Grande-Bretagne ; son bâtiment se pavoisa de " *Vive le roi* " ! et tous les autres à sa suite ; ainsi fut sonnée l'heure attendue ".

Quand d'Estaing fut accusé par Fouquier-Tinville, il avait 35 ans de service à la mer, mais cela ne pesait guère devant le tribunal des purs et des sans-culottes. Le 28 avril 1792, il faisait le lugubre voyage sur l'infâme charrette. En montant vers l'instrument du supplice il s'arrêta sur la dernière marche et regardant fièrement le bourreau :

" — Quand vous aurez fait tomber ma tête, lui dit-il, envoyez-la aux Anglais. Ils vous la payeront fort cher ".

Sous le régime, anglais, dit un autre américain, Newport était muselé ; sous le régime français cette ville portait un collier aristocratique et brillant, mais tout de même ce collier était en acier. Partout sur terre comme à la corne d'artimon des navires, on voyait flotter le drapeau fleurdelisé. Les tentes, les marquises couvraient le Connecticut, le Rhode-Island, Coaster's et Goat's Islands. Baïonnettes et canons étaient français. Les fonctionnaires en tuniques blanches, gaîtres noires, épaulettes de laine, montaient la garde dans ces sentiers troués par elles. Les officiers portaient des uniformes blancs, chargés de broderies en or. Leurs armes étaient splendides. Partout où il y avait un bocage, de l'ombre, des soldats faisaient chanter leur gaieté. On jouait aux cartes sur une table improvisée qui ordinairement était un tambour.

Dire qu'il ne s'était pas glissé quelque mauvais sujets au milieu de cette troupe d'élite serait tromper le lecteur. Dans la nuit du 28 au 29 mai un sergent essaya d'assassiner son supérieur, un officier d'artillerie, M. de la Barolière. L'ayant manqué il se jeta à l'eau, fut repêché, condamné à avoir la main droite coupée puis à être pendu. Ce fut le seul cas de ce genre pendant toute une campagne qui s'était ouverte à Boston par l'assassinat de deux brillants officiers de la marine française, MM. de Saint-Sauveur et de Pléville le Pelay.

Ils tombèrent en voulant calmer une rixe entre matelots américains.

La brillante société de Newport fit tourner la tête à plus d'un officier. Le comte de Ségur ne voulait-il pas déposer son épée et son cœur aux pieds de la belle miss Polly ? Lawton, de Vauban ne rêvaient plus qu'à mademoiselle Champlin qui épousa un officier français, le comte de Cardigan. Un autre, Lanfrey-Delisle, maria mademoiselle Bowler. Le prince Claude-Victor-Marie de Broglie qui devait plus tard présider l'Assemblée nationale, être maréchal de camp à l'armée du Rhin et mourir sur l'échafaud le 27 juin 1794, était complètement hypnotisé par mademoiselle Bowen.

Ce fut lui qui disait :

" — On boit ici d'excellent thé, et même je crois que je serai encore à en boire si une âme charitable n'était venu m'avertir à mon douzième bol, que je devais croiser dessus ma cuillère, en signe de remerciements. Il est aussi peu de bon ton de refuser un bol de thé qu'il est indiscret pour la maîtresse de maison d'insister lorsque la cérémonie de la pose de la cuillère a été faite ".

De Broglie était loin de cet officier de hussards qui avouait naïvement à madame Wanton, son hôtesse :

« — *I shall wish to send dat servant to hell for bringing me so much hot water to drink* ».

« — Je voudrais envoyer à tous les diables ce larbin qui tient tant à m'abreuver d'eau chaude ».

La société américaine sut plaire aux Français et en voici la preuve. Huit ans après le départ de l'armée de Rochambeau, dix-huit officiers français habitaient encore Providence et Newport.

Parmi leurs noms je relève ceux d'Adancourt, de de Borelle, de Buitolen, de Cullio, de Cavalier, de Colones, d'Antoine de Chartres, de Louis de Sybille, de Moulin, de Fleury, de Jean Court de la Noël, de Legrand, de Montelier, de Monela, de Desmoulins-Rochefort, de Saint-Philippe, de Seyve. Un dix-neuvième, le brigadier général, le comte Jean de Borth, baron de Walback, officier supérieur au service de la France, s'établit à Baltimore où il mourut. Son père avait été un grand chambellan de Louis XVI.

A Newport on raffolait des Français.

Jamais on n'avait vu un plus beau corps d'armée entrer en campagne. Plusieurs de ces vétérans avaient fait la guerre de sept ans. Disciplinés à la perfection, commandée par des généraux d'expérience, ils ne demandaient qu'à marcher contre l'ennemi héréditaire de la France. Que d'officiers qui avaient monté la garde à Versailles, qui avaient été intimes avec les princes de sang, vivaient là comme poisson dans l'eau, et jouissaient de cette guerre.

Au coin de la rue Clarke et Mary, — Newport — Rochambeau habitait le *Vernon-House*.

C'est de là, où il écrivait à un jeune officier américain ce billet resté fameux :

" — *I owe it to the most scrupulous examination of my conscience, that of about fifteen thousand men killed or wounded under my orders in different grades and in the bloodiest action, I have not to reproach myself with having caused the death of a single one to gratify my own ambition*".

" En sondant et en scrutant ma conscience, je me dois le témoignage que des quinze mille hommes de tous grades qui ont été tués ou blessés sous mes ordres dans les batailles les plus sanglantes, je n'ai pas à me reprocher d'avoir causé directement la mort d'un d'eux pour la satisfaction de ma propre ambition ".

Voilà, n'est-ce pas, qui était bien répondu à l'un de ces blancs-becs qui se croient tout permis parce qu'ils

13

ont la jeunesse, la fortune et ce courage bête qui, quelquefois frise l'impertinence.

Newport a gardé sous ses pelouses la tombe de plus d'un officier français. L'amiral de Ternay a été enterré ici, dans la cour de *Trinity Church*. Il mourut de chagrin le 16 décembre 1780, désolé d'apprendre que cinq navires de guerre anglais s'étaient échappés sous les yeux de ses officiers. Il y a quelques années le marquis de Noailles, ministre de France aux Etats-Unis, fit pieusement poser un marbre sur ce tombeau oublié. Non loin de l'amiral français dort de son dernier sommeil le commodore Perry, nom bien connu au Canada, où cet officier supérieur remporta la victoire navale du lac Erié, le 10 septembre 1813. Il n'était âgé que de 27 ans.

La gît aussi M. de Valernais, premier lieutenant de l'*Hermione*, tué pendant un combat naval livré le sept juin, à l'*Isis*, frégate française.

Non loin de là, encore, est enfoui un monstre.

Ecoutez ce qu'en dit un des correspondants des *Tablettes maritimes des Deux-Charentes*, l'un des journaux les mieux renseignés du monde sur les choses de la marine :

" — Les députés Lequinio et Laignelot, qui venaient

d'établir à Rochefort un tribunal révolutionnaire, écrivaient à la Convention, le 17 brumaire an II (7 novembre 1793) : "Nous voulions laisser aux patriotes de Rochefort la gloire de se montrer librement les vengeurs de la République trahie par des scélérats. Nous avons simplement exposé ce besoin à la Société populaire. " — Moi ! s'est écrié avec un noble enthousiasme le citoyen Ance, c'est moi qui ambitionne l'honneur de faire tomber la tête des assassins de ma patrie " ! A peine a-t-il eu le temps de prononcer cette phrase, que d'autres se sont levés pour le même objet et ils ont réclamé, du moins, la faveur de l'aider. Nous avons proclamé le citoyen Ance guillotineur et nous l'avons invité à venir, en dînant avec nous, prendre ses pouvoirs par écrit, et les arroser d'une libation en l'honneur de la République ".

Ce citoyen Ance se nommait, en réalité, *Hentz*, et était, paraît-il, originaire d'Alsace. Il procéda à Rochefort, à beaucoup d'exécutions, celles, entre autres, de neuf officiers et marins de l'*Apollon*. Lorsque Laignelot quitta la Charente-Inférieure pour aller républicaniser la Bretagne, il emmena avec lui, à Brest, le bourreau Hentz, qui y continua la série de ses exploits.

Entre temps, Lequinio, non moins féroce que son collègue Laignelot, ne négligeait pas le soin de son avenir, et il écrivait à un de ses frères et amis : " Je serai bien aise d'avoir en ce pays de Saintonge, une possession pour établir *mon manoir* après la Convention. Y a-t-il encore des biens nationaux, soit ecclésiastiques, soit. d'émigrés ? Je désirerais que le bien fut sur une hauteur, non loin d'une grande route ou de la rivière, etc., etc." Ce riant avenir ne lui fut pas réservé. Décrété d'accusation, plus tard, pour avoir mangé avec les bourreaux, fait servir la guillotine de tribune aux harangues, et forcé des enfants à se laver les pieds dans le sang de leurs parents exécutés, Lequinio eut la chance d'en sortir indemne. En l'an VIII, il se mit à plat ventre devant le Premier Consul, qu'il compara au tonnerre, dans un piètre écrit, et reçu en récompense, une place au consulat de Newport (Etats-Unis) ".

Ce Liquinio était le grand ami de Carrier, de Nantes, de celui-là même à qui l'horreur suivante est arrivée :

" — Un jour, un jeune enfant de treize ans avait été conduit sur l'échafaud ; étendu sur la planche fatale il regardait le bourreau avec douceur et demandait avec une naïveté intéressante :

" — Me feras-tu bien mal ?

" Aussitôt la hache tombe ; mais son col n'atteignant pas la ligne où frappe le coup mortel l'innocente victime a le crâne partagé en deux et n'a point encore expiré.   Il faut recommencer, rajuster son corps pour la dimension fatale et sa vie prolongée par cette opération se termine par plusieurs supplices [1] ".

D'ailleurs en ces temps d'horreur et de désolation on voyait s'accumuler toutes les abominations.   N'est-ce pas dans ses *Mémoires* que Berryer consignait ce triste souvenir qui peint bien l'époque ?

" — Madame Berryer, mère de Berryer père, pour sauver un accusé surmonte ses dégoûts et expose sa propre vie.   Fouquier-Tinville a reçu autrefois un grand service de M. Berryer.   Peut-être s'en souviendra-t-il ? Tenant donc par la main Pierre, son petit enfant, elle pénètre dans la pièce ou siège le tribunal.   " Des miasmes pestilentiels semblaient en avoir corrompu l'air ; des espèces de spectres y étaient dans l'expectation de l'audience qu'ils imploraient et dont ils redoutaient encore plus l'issue ".

---

1 — *Histoire de France*, par deux amis de la liberté, Paris, chez Bidault, 1792, Tome XII, page 249.

L'entrevue, du moins, ne fût pas longue. A cette femme belle et courageuse, Fouquier n'adresse qu'une plaisanterie sinistre :

« — Sais-tu, lui dit-il, que ta tête serait charmante à voir rouler sur l'échafaud ».

Lequinio, l'ami de ces gens-là dort sous les riants gazons de Newport en attendant l'heure terrible de la rétribution.

Parmi les officiers français qui servaient à Newport se trouvait le vicomte de Noailles qui eut plus tard Napoléon Ier comme officier subalterne dans son régiment. Ce fut lui qui le 16 octobre à 4 heures du matin, reçut tout le poids de la furieuse sortie du colonel Robert Abercrombie au siège de Yorktown. Celui-ci à la tête de 400 hommes s'élança sur deux redoutes que les Français n'avaient pas encore terminées. Surpris, ces derniers battaient déjà en retraite. L'ennemi venait d'enlever sept canons avec ses baïonnettes. Le vicomte de Noailles averti, rallie ses quelques troupes au cri de « Vive le roi » ! les enlèvent, met l'ennemi en déroute, désencloue les canons, les retourne contre les assaillants, leur tue huit hommes, fait douze prisonniers et au bout de deux heures ouvre de nouveau le feu contre la ville.

Plus tard, de Noailles fut envoyé comme ambassadeur en Angleterre pour annoncer à lord Weymouth la reconnaissance de l'indépendance des treizes Etats américains. Il était, disent les chroniques du temps, hautain, casseur, colère. Ce fut lui aussi qui fut délégué pour arranger les préliminaires de la capitulation de Yorktown.

Malgré son rude caractère de soldat, le comte de Noailles avait su se faire des amitiés précieuses aux Etats-Unis. Le 6 juin 1781, sa mère, la comtesse de Noailles, envoya à madame Robinson un superbe service de Sèvres en souvenir de l'hospitalité qu'elle avait exercé en faveur de son fils et des bons soins qu'elle lui avait prodigué pendant son séjour à Newport. Ce cadeau était accompagné d'une lettre charmante, écrite en anglais. Lettre et service à thé sont encore en la possession de M. Benjamin R. Smith, de Philadelphie.

Hélas! Cette femme si distinguée, cette mère d'un officier général eut le triste sort des autres. L'abbé Carrichon, dans un Mémoire rarissime, nous a laissé le détail des heures terribles et nâvrantes que les Noailles passèrent en 1792.

"— Ami de la famille de Noailles, ce digne prêtre

avait promis à la duchesse d'Ayen et à sa fille de les suivre jusque devant l'échafaud, si elles passaient devant le tribunal révolutionnaire et étaient condamnées à mort.

« Lorsqu'il apprit que ces infortunées comparaissaient devant leurs juges, il revêtit un déguisement, se rendit au Palais, monta les degrés de la Sainte-Chapelle et se promena dans la grande salle.

« Tout à coup, il entend dénoncer que les condamnés allaient sortir de la Conciergerie, et il se précipite, porté par la foule des curieux, vers la porte, dont nous venons de parler tout à l'heure.

« La première charrette se remplit et s'avance vers le lieu où se trouve le prêtre.

« Il y avait huit femmes... l'une d'elles était la maréchale de Noailles. L'abbé Carrichon eut un rayon d'espoir en n'apercevant ni sa fille, ni sa petite fille. Hélas ! elles étaient sur la seconde charrette.

« La vicomtesse de Noailles était en blanc, et sa mère en déshabillé rayé bleu et blanc.

« Six hommes montèrent à leur suite.

« La vicomtesse de Noailles causait avec sa mère,

et si librement que des gens murmuraient dans la foule :

" — Voyez donc, cette jeunesse, elle n'a pas l'air triste.

" Au moment où les charrettes allaient se mettre en marche, un violent orage éclata.

" La pluie tombait par torrents, la bise soufflait avec furie, de larges éclairs bleuâtres sillonnaient la nue et éclairaient le ciel tout noir de lueurs effrayantes. En un instant la rue fut balayée, et tandis que les curieux se réfugiaient comme éperdus, sous les portes-cochères le lugubre cortège put se mettre en marche.

" Les soldats, hussards, gendarmes et fantassins, prenaient l'allure des charrettes. Grâce au déblaiement momentané produit par l'orage, l'abbé Carrichon, trempé de sueur et de pluie, put s'approcher de Mmes de Noailles et se faire remarquer d'elles.

" De longs et tristes regards furent échangés. Enfin, le digne prêtre parvint à donner l'absolution à ses amies et cela de façon à ce qu'elles s'en aperçussent.

" L'échafaud était dressé à la barrière du Trône. La pluie venait de cesser. Les charrettes s'arrêtèrent et les soldats entourèrent la machine de mort.

« Chose bien triste à constater, la foule se montrait ignoblement joyeuse et couvrait de quolibets les malheureuses victimes de la cruauté révolutionnaire. Si quelques spectateurs éprouvaient de la sympathie pour les martyrs, ils dissimulaient leur impression. La pitié était dangereuse à cette époque et on pouvait payer de sa tête le moindre mouvement de commisération ».

Un passage curieux de la poignante narration laissée par l'abbé Carrichon, c'est celui où il parle de la décence et de la politesse des exécuteurs faisant contraste avec la curiosité de l'assistance. L'un des bourreaux le frappa par son élégance, qui, d'ailleurs, semblait un peu empruntée.

Ecoutons maintenant le témoin oculaire de la boucherie. Il y a, dans son simple langage, une émotion communicative que rien ne saurait remplacer :

« Pendant que les valets aident les dames à descendre, madame de Noailles me cherche des yeux. Elle m'aperçoit, elle lève les yeux au ciel, elle joint les mains. Ces signes d'une piété si vive faisaient dire à " mes tigres " :

« — Oh ! celle-ci, comme elle est contente, comme elle lève les yeux au ciel, comme elle prie ! Mais à quoi ça lui sert-il ?

" Le dernier adieu prononcé, elles descendent. Je quitte l'endroit où je suis, je pars d'un autre côté pendant qu'on fait descendre les autres condamnés, et je me trouve en face de l'escalier sur lequel est appuyée la première victime, un vieillard à cheveux blancs : c'était M. Jules de Laborde, ex-fermier général.

" Après lui, une dame très édifiante, que je ne connaissais pas ; ensuite la maréchale de Noailles, vis-à-vis de moi, en deuil, assise sur un bloc de bois ou de pierre qui se trouve là, ouvrant de grands yeux fixes. Tous les autres, sur plusieurs lignes, sont rangés au bas de l'échafaud, du côté qui regarde l'ouest. Je cherche ces dames, je ne puis apercevoir que la mère.

" La maréchale monte la troisième. Il faut échancrer le haut de son habillement pour lui découvrir le cou. Mme d'Ayen monte la septième ... Qu'elle paraît contente de mourir avant sa fille !

" Le " maître bourreau " lui arrache son bonnet. Comme il tenait par une épingle qu'il n'a pas l'attention d'ôter, les cheveux soulevés et tirés avec force lui causent une douleur qui se peint sur ses traits ...

" Sa fille la remplace. Quelle émotion en voyant cette jeune femme tout en blanc !

" Ce qui est arrivé pour sa mère arrive aussi pour elle. Même inattention pour l'épingle, même douleur. Hélas ! quel sang abondant et vermeil sort de la tête et du cou ! Mais que la voilà bienheureuse " !

II

LES PREMIÈRES ANNÉES DE LA CAUSE AMÉRICAINE ; UNE PARTIE DU LIVRE D'OR DE LA MARINE FRANÇAISE : SE RAPPELLERA-T-ON ?

Trève de ces horreurs. Causons d'autres choses.

M. de Kermoran partit de France au mois d'avril 1776, pour servir en volontaire ; M. de Bois-Bertrand avec un grade, au mois de juillet. Ce sont les premiers Français dont les Américains aient inscrit les noms sur la liste de leurs défenseurs.

Un de ceux qui les suivit de près fut aussi Dumesnil de Saint-Pierre. Voici ce qu'en dit Beaumarchais : " Normand de naissance, bon gentilhomme de son métier et mauvais vigneron par goût, à la tête d'une petite colonie qu'il a appelée la Nouvelle-Bordeaux où il fait pousser des raisins qui ne mûrissent pas et des

mûriers que le froid fait mourir, il a levé un régiment
de refugiés français, danois, allemands qu'ils a offert au
corps municipal dont il est voisin ".

Mais là où les vrais compatriotes étaient en plus
grand nombre, c'était à Newport où ils constituaient
une brillante société.

— " Toute la jeunesse française, dit un témoin oculaire, montra le désir d'aller combattre en Amérique.
On n'avait jamais eu un concours aussi nombreux pour
aussi peu d'emplois. Les talents, la faveur, l'intrigue,
tout fut mis en avant pour servir dans cette armée.
Depuis les croisades, il n'y avait pas eu une pareille
ardeur pour aller au delà des mers et dans les régions
presque ignorées, défendre une cause que l'on connaissait
à peine ".

De son côté, le comte de Ségur ajoute dans ses
Mémoires :

" — Ce qu'il y a de plus singulier et de plus remarquable à l'époque dont je parle, c'est que, à la cour
comme à la ville, chez les grands comme chez les
bourgeois, parmi les militaires comme parmi les finan-
ciers, au sein d'une vaste monarchie sanctuaire antique
des privilèges nobiliaires parlementaires, ecclésiastiques,

malgré l'habitude d'une longue obéissance au pouvoir arbitraire, la cause des Américains insurgés faisait toutes les attentions et excitait un intérêt général de toutes parts. L'opinion forçait le gouvernement royal de se déclarer pour la liberté républicaine et semblait lui reprocher sa lenteur et sa timidité".

Tous ces défenseurs européens de la cause des Etats-Unis s'étaient installés à Newport.

Ici on voit de Lauzun, le marquis de Chastellux, fameux, dit la chronique de Newport, par ses petits soupers ; le baron de Vioménil, fameux par son courage lors du siège de Yorktown ; Charles de Lameth qui se battit plus tard avec le duc de Castries au bois de Boulogne ; Mathieu Dumas, aide de camp de Rochambeau, et qui devait se conduire si brillamment à Waterloo. LaPeyrouse, l'infortuné de Lapeyrouse était là, lui aussi. Berthier, qu'attendait le maréchalat de France, servait ici comme capitaine du régiment de Lorraine ; les deux frères de Deux-Ponts étaient les lions de Newport. De Broglie, Vauban, Champcenetz, Chabannes, Melfort, Telleyrand, Barras, La Touche, la Clocheterie ; Désoteux qui plus tard fut chef des Chouans en Vandé ; le chevalier de Borda, fameux géomètre, né en 1733, mort en 1797 ; le marquis de Boville, célèbre par son dévouement à Louis XVI ; Forfait, ingénieur de la marine ; de Lamothe, qui se rendit fameux à la Constituante, servaient ici.

Une autre chronique du temps que j'ai sous les yeux dit, que l'arrivée de ces beaux, de ces braves, de tous ces galants sema la terreur dans Newport. On les faisait passer pour des ogres. Ils mangeaient même les cuisses de grenouilles qui voulaient bien se fier à leur bonne foi. Le soir du débarquement, Newport devint désert. On n'y entendait plus que les roulements des tambours et les ordres données pour la garde et la discipline des troupes. Bientôt pères, mères, oncles, tantes et jeunes *misses* revinrent au logis, et Newport fut en liesse. L'ordre était tel dans le camp que poulets, oies et dindons y passaient sans être molestés, et l'on ne toucha pas même à quelques champs de maïs qui se trouvaient là.

Des Indiens, députés par les frontières du Canada, étant venus à Newport vers cette époque, furent étonnés de cet état de choses et ne purent s'empêcher d'en exprimer leur admiration. Rochambeau en profita pour leur faire — le 30 août 1780, — l'allocution suivante :

" — Le roi de France votre père n'a point oublié ses

enfants ; il m'a chargé de présents pour vos députés comme marques de son souvenir. Il a appris avec douleur que plusieurs nations trompées par les artifices des Anglais, ses ennemis, avaient attaqué et levé la hache contre ses bons et fidèles alliés des Etats-Unis de l'Amérique ; il me charge de vous déclarer qu'il est l'ami franc et fidèle de tous les amis des Américains et l'ennemi décidé de tous leurs ennemis. Il espère de ses enfants, qu'il aime tendrement, qu'ils ne tiendront jamais dans cette guerre contre les Anglais, d'autre parti que celui de leur père ".

Les Indiens acceptèrent les présents et s'en retournèrent au Canada pour n'y plus bouger de toute la durée de la campagne, ce qui ne les empêcha pas tout de même de faire partout où ils passaient l'éloge de l'armée française.

Il n'y a pas grand nouveau à dire de la Fayette : Volumes sur volumes ont été écrits sur ce vaillant militaire qui partit pour défendre la liberté américaine malgré les ordres de sa famille et les désirs de son roi. Cet officier général avait près de six pieds. Il était fortement constitué et avait à peine 21 ans. Son front était large, très découvert, le nez long et droit ; ses sourcils épais et arqués, les yeux bruns. Il parlait assez mal l'anglais, avait beaucoup d'autorité sur les troupes et la haute estime de Washington. La reine Marie-Antoinette l'avait distingué d'une façon toute particulière, ce qui faisait dire un jour au comte de Maurepas en plein conseil des ministres.

" — Il est fort heureux pour le roi que de la Fayette ne se mette pas en tête de dépouiller Versailles de ses meubles et de ses richesses. Il serait de force à les envoyer à ces chers Américains pour aider à la solde de l'armée, et certes Sa Majesté n'aurait pas la volonté de lui refuser ".

De la Fayette était fort bon cavalier et très dur à la fatigue. Un jour, il fit à cheval les 70 milles qui le séparaient de Boston. Cette course lui prit 7 heures pour aller et 6½ pour revenir.

Voici l'idée que la Fayette avait de lui-même.

" — J'ai souvent produit beaucoup d'effet sur les auditoires tumultueux ou prévenus. Je ne suis pourtant ni homme d'État ni orateur."

Parlant de la guerre d'Amérique à Napoléon Bonaparte. il lui disait:

14

“ — Ce furent les plus grands intérêts de l'univers décidés par la rencontre des patrouilles ”.

La Fayette eut pendant quelque temps des rapports avec Bonaparte, jusqu'au consulat à vie, après l'explosion de la machine infernale le 3 nivôse, il alla lui rendre visite.

“ — Pourquoi ne publiez-vous pas les rapports du complot ?

“ — Ils ne sont pas susceptibles de la publicité, lui repartit Bonaparte.   Louis XVIII m'a écrit pour désavouer ce crime.   Sa lettre est bien, la mienne aussi ; mais il finit par me demander une chose que je ne peux faire qu'en le remettant sur le trône.   Il me promet une statue qui me représentera tendant la couronne au roi.   J'ai répondu que je craindrais d'être enfermé dans le piédestal ”.

Dans une curieuse lettre *inédite* que je viens de lire, la Fayette disait, le 30 octobre 1832 :

“ — C'est une étrange fantaisie qu'a eue la Société des Droits de l'Homme de se mettre sous l'invocation de Robespierre.   Il paraît que Saint-Just et Couthon sont associés aux honneurs du patronage.   Quant à moi, j'étais de la paroisse de Washington, de Franklin et de

Jefferson, longtemps avant que les noms de l'épublique et de Citoyen eussent été introduits en France... Rien n'est à mon avis plus anti-républicain que de laisser confondre avec la vraie République une tyrannie sanguinaire dont le calendrier invoqué est dans l'opinion générale, resté le représentant ".

Dans une autre lettre admirable, pleine de sincérité, d'élévation, la Fayette a ouvert toute son âme de père et de chrétien à son ami de la Tour-Maubourg. On la retrouvera dans la *Vie de madame de la Fayette* et dans la *Revue des Deux-Mondes*, page 433, du 15 septembre 1892, deuxième livraison, à l'étude intitulée : " *La Fayette pendant le consulat et le premier empire* ".

Un officier américain écrivait ce qui suit à un journal ami :

" — Tout au bout de Paris, parmi les froids et silencieux jardins où s'élève le couvent des Dames de l'Adoration perpétuelle, le petit cimetière de Picpus s'enferme entre quatre murs bas, loin de l'œil indiscret des passants. Pas un arbre, point de fleurs en cet aristocratique rendez-vous de mort, où sur les rares dalles de pierre de très grands noms sont gravés, que la pluie rouille.

" Là-bas pourtant, comme un suprême appel de vie,

un drapeau flotte, au-dessus de l'alignement des pierres grises. C'est l'étendard américain planté au-dessus de la tombe de la Fayette. Celle-ci se trouve dans le cimetière des Emigrés, dépendance du couvent des sœurs de l'Adoration. Cette nécropole est divisée en deux parties : dans l'une on remarque de nombreux tombeaux de familles nobles : Montmorency, Rohan, Noailles, Ayen, Duras, Carignan, Tocqueville, etc. L'autre partie du cimetière est consacrée aux restes de 1,306 victimes de la Terreur guillotinées sur la place du Trône. Parmi ces dernières se trouvait le prince Frédéric de Salm-Kyrbourg.

" Le monument de la Fayette se compose d'une large pierre tombale inclinée. Autour de cette tombe, une centaine de personnes étaient groupées, le jour anniversaire de la prise de Yorktown. L'initiative de cette réunion était dûe à une société américaine, la *Massachusetts Society of the Sons of the American Revolution.* Ces " Fils de la Révolution américaine " sont les descendants des soldats de la guerre d'Indépendance, compagnons d'armes de la Fayette. Ils ont fondé aux Etats-Unis, vers 1876, des sociétés dont l'objet est d'entretenir chez les générations nouvelles le souvenir et d'assurer le culte de leurs morts.

« C'était au nom de ce groupe de Massachusetts que M. Nathan Appleton venait déposer sur la tombe de la Fayette, à l'occasion de l'anniversaire de la bataille de Yorktown, l'insigne décoratif dont les sociétés américaines ont fait leur emblème.

« Cet emblème est une croix de Saint-Louis (la croix de Louis XVI), dont le centre est occupé par une figure allégorique du paysan-soldat, le volontaire des guerres d'Amérique, autour de laquelle s'essaiment les treize étoiles des Etats.

Sur les quatres branches de la croix, trois initiales et une date :

S

A   .R

1775

(Soldier—American—Revolution)

« La croix en bronze doré, apportée par Appleton, est d'assez vaste module ; elle est fixée au bout d'un piquet de bronze qui sera planté sur la tombe en attendant les emblèmes pareils que d'autres groupes américains enverront. Au-dessus de la croix une plaque, surmontée d'un petit drapeau, porte cette inscription :

LA FAYETTE
*A tribute from the Massachusetts
Society of the Sons of the American
Revolution*
1894

“ En une chaleureuse allocution, M. Appleton a rappelé aux assistants les titres immortels de la Fayette à la gratitude de ses compatriotes : il a exprimé le vœu que les descendants français des sept mille combattants de Yorktown suivissent l'exemple des Américains, et qu'une société française se constituât semblable à celle des Etats-Unis, consacrée à la glorification de ces communs souvenirs de gloire...

“ Un grand nombre de dames et de notabilités de la colonie américaine ont applaudi aux paroles de M. Appleton. M. de Sahune-la-Fayette l'a remercié au nom des descendants du glorieux soldat, représentés autour de lui par plusieurs membres des familles de Sahune, de Chambrun, de Pusy et de Rémusat ”.

La Fayette, lors de son premier voyage, était accompagné par les majors généraux de Kalbe et le vicomte de Mauroy ; par les majors de Senneville ; par le chevalier de Buyssons, le chevalier de Fayolles, de Hoggendorp, le chevalier de Failly ; par le capitaine de Ruth, de Gérard de Vrigny ; par les lieutenants Philis de Roseval, de Montis, Siguet, de Grangez et Candon.

Dans les rangs de ces grands soldats combattait Jean-Baptiste Jourdan qui devait bientôt se distinguer à

Jemmapes, à Nerwinde, à Famors, battre le prince de Cobourg à Wattignies, lever le siège de Maubeuge, vaincre à Fleurus, se distinguer dans les guerres de l'empire, mourir maréchal de France et gouverneur des Invalides. C'était un caractère fortement trempé que ce Jourdan. Mis en disponibilité, un jour pour ce que l'on croyait être une faute diciplinaire, il se retire à Limoges, sa patrie, " reprend son commerce de mercerie qu'il y avait tenu un instant à son retour d'Amérique, et se contente pour toute protestation de suspendre son épée et son uniforme de général en chef au fond de sa boutique ". Mais cela ne dura pas longtemps.

Jourdan étudiait et bientôt il fut prêt à exécuter les combinaisons stratégiques qu'il avait imaginées. Son plan eut un succès complet. Dans cette circonstance, ce général, qui pourtant n'avait pas fait d'études militaires, et qui avait passé presque subitement de son comptoir de mercerie au cheval de bataille de commandant en chef, montra des qualités de tacticien que Napoléon lui-même admira sincèrement. C'est du reste le même phénomène intuitif qui se manifesta chez le général Jomini, lequel de comptable devint en quelques heures un stratégiste hors ligne.

D'autres vinrent plus tard apporter à leur tour leur expérience et gagner de beaux états de service en Amérique. Je citerai entre autres Simond Bernard, général de division du génie sous Napoléon 1ᵉʳ, qui fut traité injustement par le duc de Feltre, ministre de la guerre, donna sa démission et s'en vint offrir son épée aux Etats-Unis. C'est lui qui a construit tous les forts de la Floride, le fort Munro, le fort Morgan et plusieurs autres fortifications importantes. Puis ce sont, le marquis de Leborquis de Malmedy qui devint major général du génie américain, de Choisy, de Béville de Rostaing, d'Autichamp qui, lors de leur retour en France, furent faits maréchaux de camp ; d'Aboville, Desandrouin, de la Valette, de l'Estrade, de Muys qui furent faits brigadiers ; Charles Armand Tufin marquis de la Rouerie qui fut brigadier général et qui mourut de douleur en apprenant la mort de Louis XVI; Armand Blanquet du Chayla qui plus tard devait être fait prisonnier à Aboukir et mourir amiral ; Jean-Baptiste Magnier, devenu commandant en chef de l'armée du Rhin ; Mathieu Félicité duc de Montmorency qui fut ministre de la guerre sous Louis XVIII et qui mourut académicien.

Alexandre Duval simple soldat sous la Fayette, écrivit plus tard *Edouard d'Ecosse, la jeunesse de Henri IV* et *La fille d'honneur* et mourut lui aussi membre de l'Académie française.

Ajoutons à cette liste le nom de Charles-Edouard Jennings de Kilmain, né à Dublin, le 19 octobre 1751. Sa famille était originaire du village de Kilmain, comté de Mayo. Après avoir fait ses études dans les Charentes il entra aux Royal-Dragons en 1774. Le 1er avril 1780 on le retrouve sous-lieutenant aux hussards de Lauzun et en route pour l'Amérique, où il s'acquit promptement de brillants états de service. La révolution française le trouva capitaine, malgré ses cinq campagnes d'outre-mer. Le 26 janvier 1793, il était devenu colonel de son régiment. Quarante jours après il est promu général de brigade; six semaines après il devient général de division et commande en chef l'armée du Nord et des Ardennes. Le tribunal révolutionnaire qui n'aimait guère les barons, — Kilmain était baron — le fit décréter d'accusation et pendant dix-huit mois il fut enfermé avec sa femme, au Luxembourg; 30 ans de service, 9 campagnes, 46 actions de guerre, 2 blessures, deux chevaux tués sous lui l'avaient ainsi mené au pied de l'échafaud. Le 9 thermidor le sauva. Le 11 décembre 1799, une attaque de dysenterie contractée dans le temps, au Sénégal, l'enleva le 11 décembre 1799, quelques jours après l'événement du 18 brumaire. Kilmain avait 48 ans.

En Amérique se trouvait Joseph le Prestre de Vauban, petit neveu du maréchal de ce nom, aide de camp de Rochambeau qui fut plus tard un des chefs de l'armée royale de Quiberon.

Se trouvait encore ici le baron Félix de Wimpfens. Devenu général français il s'illustra par la défense de Thionville ; né en 1745, il mourut en 1836.

Et que d'autres, encore ! Voici Tourard, de l'état-major de la Fayette. Il perdit un bras à la bataille livrée dans le Rhode-Island, le 29 août 1778, et fut pensionné comme lieutenant-colonel par le gouvernement des Etats-Unis ; voila le chevalier Louis LeBègue du Portail, officier du génie fort distingué, servant comme brigadier général, promu major général pour sa brillante conduite au siège de Yorktown. Plus tard il devait devenir ministre de la guerre en France, refaire un voyage en Amérique et mourrir en mer, lors de son retour en France où l'appelaient les événements du 18 brumaire. Un autre, le prince Claude-Victor-Marie de Broglie, fils du maréchal de Broglie, faisait aussi partie de cette brillande pléiade. Né à Paris en 1757 il était colonel en second d'un régiment à l'âge de 23 ans. C'était le grand ami du chevalier de la Luzerne.

"— Il m'a prouvé son dévouement, écrivait-il de Philadelphie, en me donnant une chemise neuve, chose introuvable ici".

De Broglie se distingua à Yorktown ; de retour en France il commandait le régiment du Bourbonnais, présida l'Assemblée nationale, devint maréchal de camp à l'armée du Rhin, puis dénoncé au tribunal révolutionnaire, il fut guillotiné à Paris, le 27 juin 1794.

Avec ces noms viennent se mêler ceux de Dumas, de Blanchard et de bien d'autres. Le comte Dumas était né à Montpellier, le 23 novembre 1753. A son retour d'Amérique il explora les côtes et les îles de la Turquie. La révolution française en fit un de ses partisans. Il devint membre de l'Assemblée législative, fut ministre de la guerre à Naples en 1806 sous Joseph Bonaparte, ne voulut pas pactiser avec l'empereur lors du retour de l'île d'Elbe, mais finit par réorganiser la garde nationale sur les pressantes instances de Joseph.   Il contribua à mettre Louis-Philippe sur le trône.   Dumas a écrit ses Mémoires.   Il mourut aveugle à Paris, le 16 octobre 1837, à l'âge de 85 ans. Il s'était particulièrement distingué lors de la campagne de Russie.   Ce fut au comte Dumas que le docteur Cooper, homme éminent de son temps, fit la prédiction suivante.   C'était à la veille du départ du corps expéditionnaire pour le retour en France :

" — Prenez garde, lui dit-il, ainsi qu'au groupe d'officiers qui l'entouraient ; prenez garde, jeunes gens, que le beau triomphe pour la liberté que vous venez d'accomplir sur ce sol vierge d'Amérique n'enflamme trop vos espérances. Vous emportez avec vous le germe des plus généreux sentiments mais si vous essayez de les faire pousser sur le sol vieilli et corrompu de l'ancien monde, si vous cherchez à les implanter sur votre sol natal, vous aurez à surmonter bien d'autres obstacles que ceux que vous avez rencontré ici. Cela vous coûtera bien des larmes pour être libres, mais avant d'ériger un piédestal à la liberté en Europe, il faudra vous attendre à voir couler devant vous le sang par torrent [1].

---

1 — *Vide : Rhode Island and the Revolution*, page 528.

Ce terrible cauchemar qui se déroulait sous les yeux du docteur Cooper, n'est-il pas devenu une réalité, et les choses ne se sont-elles pas passées ainsi en 1793 ?

Le commissaire Claude Blanchard, l'ami de Dumas, était un profond observateur. Il a laissé, des Mémoires bien faits et fort intéressants. Ce fut lui qui un jour fit à Pawket la rencontre d'un Canadien-français, Pierre Douville, né sujet de France. Etabli comme marchand à Providence, il servit comme lieutenant de vaisseau pendant la guerre de l'indépendance, puis une fois les Etats-Unis constitués, il fut rappelé en France par le roi, reçut le commandement du vaisseau de ligne l'*Impétueux* et fut tué à la bataille d'Ouëssant, le 1ᵉʳ juin 1794, après un combat désespéré avec l'Anglais qui lui avait rasé son pont. Douville, lorsqu'on l'enterra en mer avait dix-huit blessures. Son portrait existe encore dans la galerie de peintures de l'université de Brown.

Aux noms que j'ai cités, se mêlent aussi ceux de Kosciusko, du baron Steuben, inspecteur général de l'armée américaine, et celui du baron Pulaski.

Que puis-je dire du premier ? son nom est dans toutes les bouches. Kosciusko mourut en 1817 à Soleure, chez un ami. Son corps fut transporté à Cracovie et déposé dans le tombeau des rois de Pologne, à côté de Jean Sobiesky, le vainqueur des Turcs, et de Poniatowski. Quant à Steuben c'était un brave à trois poils qui passait son temps à se battre et à faire et défaire un cours de tactique qu'il finit par publier. Le baron commençait à en écrire un chapitre en allemand, puis il était traduit en très mauvais français. Son subalterne, le colonel de Fleury se chargeait alors de l'épurer au point de vue du style et de la langue de nos pères.

Duponceau [1], secrétaire du baron, plus tard secrétaire des affaires étrangères et très fort en sciences philologiques le traduisait en mauvais anglais, et le capitaine Walker finissait par lui donner le vernis de la langue de Shakespeare. Quand on remit cet exemplaire au baron, il n'en comprit pas un mot mais il se fia à ses subalternes et il eut raison. Son livre tiré à 3,000 exemplaires rendit de grands services aux troupes Américaines [2].

---

1 — Duponceau, Pierre-Etienne, né dans l'Ile-de-Rhé, le 3 juin 1760, mourut à Philadelphie, le 2 avril 1844.

2 — Dans une vente de livres faite à Londres dernièrement, ce curieux travail était annoncé sous ce titre : STEUBEN (Baron de, *late Major-General and Inspector-General of the*

Un jour Steuben était de tranchée à Yorktown. Une bombe venait sur lui ; il se jeta à plat ventre dans le fossé et le général Wayne qui l'accompagnait se laissa cheoir sur lui.

" — J'ai toujours cru, dit le baron à son brigadier, que vous étiez brave, mais je ne vous savais pas si rompu au service. Vous venez de couvrir de la façon la plus parfaite la retraite de votre général.

Wayne en tombant s'était cassé le nez sur le dos de Steuben. Il n'en était pas à sa première blessure. Le brigadier Wayne avait déjà fait partie de l'armée de Montgomery et avait failli être tué aux Trois-Rivières.

Un autre officier général, le baron de Kalbe, ami de la Fayette, était allemand de naissance. Il servit quarante-deux ans dans l'armée française. Nommé major général il prit le commandement de l'aile droite du général Gates et fut blessé mortellement à la bataille de Cambden, dans la Caroline du Sud.

American Army.) Regulations for the Order and Discipline of the Troops of the United States. To which is added the Manual Exercise and Evolutions of the Cavalry, as practiced in the late American Army. *Bennington, Vermont,* Anthony Haswell, 1809. *Plates (4 wanting), half roan, uncut clean as new.*

Le comte Pulaski était Polonais. Il commandait un corps de calvarie légère qui, dit un poète du temps

" Sped like knights into peril. "

Au siège de Charleston, il fut blessé à côté du major général de Fontanges : celui-ci reçut une balle qui le transperça d'outre en outre. Frappé mortellement, Pulaski fut transporté à bord du brick de guerre américain le *Wasp*, mais au moment où ce navire sortait de la baie de Savannah, Pulaski rendit son âme à Dieu.

Ce vaillant cavalier eut la mer pour tombeau. Aux Etats-Unis un fort porte encore son nom. Il est situé à environ 15 milles de Savannah. Construit par le général Gilmore, il fut bombardé ensuite par ce même général le 11 avril 1862.

Et que dire de Pierre-Auguste de Beaumarchais ? Il ne paya pas de sa personne, il est vrai, sur le champ de bataille, mais les Etats-Unis lui doivent autant de reconnaissance que celle qu'ils portent chaque jour aux preux que je viens de nommer. Il s'occupa surtout de la question des finances, il obtint pour les Américains un subside des Espagnols et par ses démarches 25,000 mousquets, 200 canons et 200,000 livres de poudre furent envoyés aux Etats-Unis. Pour arriver à ce but il se ruina et écrivit un jour à M. de Vergennes :

"— J'ai donné en paiement mes effets qui vont écheoir... Après cela s'il faut déposer mon bilan aux consuls et m'enfuir, que Dieu me conduise. Il sera bien prouvé alors que le roi a perdu un bon serviteur, mais les événements et les hommes n'auront eu le pouvoir de me déshonorer ".

Né à Paris, le 24 janvier 1732, baron de Beaumarchais mourut dans cette ville le 19 mai 1799.

Un dernier nom et ce sera tout. Anne-César de la Luzerne était le représentánt de la France auprès de Washington. Né à Paris en 1741, il fit la guerre de sept ans, en sortit blessé mais sauf, avec le grade de colonel et entra dans la diplomatie. Il était le neveu de Malesherbes et sortait des chevaux légers du roi. Après avoir été accrédité auprès de différentes cours de l'Europe il fut envoyé aux Etats-Unis où il représenta la France pendant quatre années. Il devint l'ami intime de Washington, laissa à chaque officier français du corps expéditionnaire le souvenir de son énergie, de sa finesse d'esprit, de sa bienveillance et de sa large hospitalité. En 1781, l'université de Harvard lui conféra les degrés du doctorat. Nommé ambassadeur à Londres il y mourut le 14 septembre 1791.

Voilà au fil de la plume les noms des officiers français et ceux des officiers étrangers, leurs alliés, qui frappent le plus, lorsque l'on relit les mémoires et les correspondances laissées sur la guerre de l'Indépendance américaine. Grands noms ! beau sang ! cœurs vibrants ! épées vaillantes si jamais il en fut !

Et que dire maintenant du rôle joué par la marine française pendant cette guerre ? Newport ne garde-t-il pas en souvenir de ces temps héroïques, la tombe de l'amiral de Ternay et de plusieurs de ses officiers ? Le capitaine de vaisseau de Chaffontaine, l'enseigne de vaisseau de Kerjégu, tués à l'ennemi ne sont-ils pas enterrés au cap Charles ?

Les mers des Antilles, les côtes de la Nouvelle-Angleterre, celles de la Caroline, de la Virginie, ont répété tour à tour les échos de la canonnade française qui annonçait au monde la naissance de la liberté américaine. Dans ces batailles navales, dans ces combats à terre, la marine s'est sans cesse montré corps d'élite comme toujours ; mais que de pertes cruelles n'a-t-elle pas subi ? Au siège de Savannah, elle eut 16 officiers, 168 sous-officiers, marins et soldats tués ; 47 officiers et 411 sous-officiers marins et soldats blessés. Au combat de Grenade elle eut 190 morts et 759 blessés [1]. Sous de Guichen au combat en mer au large de Sainte-Lucie, elle eut 158 tués et 820 blessés [2]. Le chevalier de Touches, en faisant connaître au ministre

---

1 — MM. de Champorcin, commandant le vaisseau la *Provence ;* Ferron du Quengo, commandant l'*Amphion ;* de Montault commandant le *Fier-Rodrigue ;* de Gotho, le chevalier de Gotho de Marguery ; Jacquelot de Champrédon, lieutenants de vaisseau ; Buisson, officier auxiliaire ; Bernard de la Turmelière, Tuffin Ducis, garde de la marine ; de Frémond ; de Clairant, officiers d'infanterie étaient au nombre des morts.

On comptait parmi les blessés, MM. de Dampierre, de Retz, de Cillart, de Surville, de Castelet, capitaines de vaisseaux ; Le Normand, de Saint-Victor, Massillon de Samilhac, Desglaisieux de Vanal de Carné, Cavallet, lieutenants de vaisseaux ; Scaslierna, officier suédois ; de Boulouvard de Barentorn de la Martinière, le Rey, Frossard, Jugand, officier auxiliaire, de Reynies, de Biarges, gardes de la marine ; le comte Edouard Delon, le chevalier de Lameth, de Peyrelongue, Plaquet, Raffin, le vicomte de Mary, officier d'infanterie.

2 — On comptait parmi les morts MM. de Guichen, de Coetëvy, lieutenants de vaisseau ; de Chaffontaine, de Ramatuelle, enseignes : de Nassal, de Gozan, officiers auxiliaires ; de Séguin de Montcourrier, d'Aiguily de Rouville, officiers, d'infanterie ; MM. Dumaitz de Goimpy, Dumas de Cohant, d'Aymar, capitaines de vaisseau. De Lambourg, de Chambelle, de Gantès, de Bois, Hurant, enseignes, étaient au nombre des blessés.

les divers incidents de la journée du 16 mars, combat de la Chesapeak, écrivait :

“ — Les capitaines commandant les vaisseaux de l'escadre m'ont fait les plus grands éloges de leurs états-major et de leurs équipages ; je dois vous faire celui de MM. de la Grandière, de Marigny et de Médine. M. de Médine, commandant le *Neptune* a été blessé à la tête. Cet officier a su profiter d'un moment bien intéressant dans le combat, lorsqu'un vaisseau de tête de l'ennemi ne pouvant plus supporter le feu de ceux de mon avant-garde, a été forcé d'arriver et de présenter l'arrière. Le *Neptune* s'est placé à portée de mousquet de sa poupe et l'a enfilé de toute sa bordée sans que le vaisseau anglais pusse lui répondre d'un seul coup de canon ”.

Dans ce combat la marine française perdit 72 hommes : 112 furent blessés. Il eut pour résultat de faire rappeler l'amiral Arbuthnot en Angleterre. Le Congrès enthousiasmé, vota au comte de Grasse une adresse où, entre autre choses aimables, il était remercié pour “ l'habileté et la valeur qu'il avait développés en attaquant et en battant la flotte britannique, à la hauteur de la Chesapeak et pour le zèle et l'ardeur avec lesquels il avait donné avec l'armée navale à ses ordres, les secours et la protection les plus efficaces et les plus distinguées aux opérations de l'armée alliée en Virginie ".

D'après la *Gazette de France* du 20 novembre 1781, les officiers suivants furent tués au combat de la Chesapeak :

De Boacles, capitaine de vaisseau, commandant le *Réfléchi*.

Dapé D'Orvault, lieutenant de vaisseau, major de l'escadre bleu.

Rhaale, enseigne de vaisseau sur le *Caton* : il était d'origine suédoise.

De la Villeléon, officier auxiliaire sur le *Diadème*.

Dix-huit officiers furent blessés et 200 tués ou blessés [1].

---

1 — Au siège de Savannah, les officiers français suivants furent tués :
De Vermont, quartier-maître du régiment du Gatinois.
De Malherbe, Gatinois.
Blondeau, lieutenant, Angenois.
Justamon.
Fondprose, second lieutenant des grenadiers.
De Sauce, capitaine d'artillerie.
Bron, major du régiment de Dillon.
Balhéon, aspirant de marine.
D'Estinville, lieutenant de vaisseau.
Molart, lieutenant au régiment d'Armagnac.

Je n'ai pu me procurer le nombre exact des morts et des blessés à la bataille navale de la Dominique,—l'événement maritime le plus considérable de la guerre de l'indépendance,—mais on comptait parmi les premiers MM de Saint-Césaire, du Pouillon d'Escars, de la Clocheterie, de la Vicomté, Bernard de Marigny, capi-

Stancey, second lieutenant aux dragons de Condé.
Taf, lieutenant au régiment de Dillon.
Guillaume, lieutenant des grenadiers de la Guadeloupe.
De Montaigu, capitaine aux chasseurs de la Guadeloupe.
De Boisneuf, lieutenant du régiment du Port-au-Prince.
Du Perron, capitaine d'état-major.
D'Erneville, aide-major de division.

Furent blessés

Le comte d'Estaing, général.
De Fontanges, major général.
De Bétigny, colonel en second du Gatinois.
De Steding, colonel d'infanterie.
Chalignon, aide-major de division.
Boulan, capitaine aux grenadiers d'Armagnac.
Grillère.
Barris, capitaine au régiment d'Angenois.
De Saint-Sauveur.
De Chaussepied, lieutenant.
Morège, second lieutenant.
Chamson, lieutenant, Cambières.
Coleau.
Bozel.
Oradon, second lieutenant, Hainault.
Labarre, lieutenant aux dragons de Condé.

taines de vaisseau : de la Mettrie, l'Hermite, Maillane, de Karvel, d'Orsin, de Villeneuve Flayose, de Rébender, lieutenants de vaisseau ; de Beaucousi, Visdeloup de Liscouël, de Quottromanie, enseignes de vaisseau ; de Brochereuil, Moracin, officiers auxiliaires ; de Kérolin, garde de la marine ; de la Forgerie, de Trogoff, officiers d'infanterie.

Les officiers blessés étaient : MM. de Vaudreuil chef d'escadre ; le Bègue, de Thy, de Médine, de Champmartin, capitaines de vaisseau ; de Mallet, du Roure, de Vieuxbourg de Rosilly, de Clérembert, de Champagny, Dupuy, de Karearadec, d'Assas, Montdardier,

Ouëlle, capitaine au régiment de Dillon.
Doyon, lieutenant.
Delay.
Chevalier de Ternoi, cadet.
Dumouriez, lieutenant au régiment du Cap.
Desombrages.
Delbos, second lieutenant.
Desnoyers, major au régiment de la Guadeloupe.
Royer, capitaine.
Noyelles, capitaine à l'état-major.
D'Anglemont, lieutenant aux chasseurs de la Guadeloupe.
De Rousson, second lieutenant.
Bailly de Menager, lieutenant au régiment de Port-au-Prince (prisonnier).
Duclos, chasseur du Port-au-Prince (prisonnier).

Trecern, Lezerec, Despies, de Trogoff, de Portzenparc, lieutenants de vaisseau ; Barton de Montbas, de Loulanie, de Marnières de Montigny, enseignes de vaisseau ; de Blessingane, de Toll, officiers suédois ; Charron du Portaille, Roland, Levilain, du Frossey, Biches, Martin Quinart, officiers auxiliaires ; le Livec, de Châteaufer, gardes de la marine ; de Montézun, de Gouillard, de Villé, de Montel, de Quetteville, de Montalembert, de la Brosse, Dézéan, Tanneguy, Deshoyes, d'Adhémar, de Coquet, de Trouront, de Kerlerec, de Saint-Simon, de Renouard, de Boisgartin, officiers d'infanterie [1].

Voici ce que raconte Chevalier, à propos de l'un des glorieux vaincus du combat de la *Dominique*. Le capitaine Bernard de Marigny était étendu sur son lit mortellement blessé, lorsque des matelots se précipitèrent dans sa chambre en criant que le navire allait sauter.

— Tant mieux ! leur répondit-il, en faisant le signe de la croix les Anglais ne l'auront pas. Fermez ma porte, mes amis, et tâchez de vous sauver.

---

1 — *Vide :* Appendice, composition des flottes du comte de Grasse et du chevalier des Touches.

Ce fut après cet événement que le célèbre de la Pérouse reçut l'ordre de partir avec le *Sphynx*, les frégates d'*Astrée* et l'*Engageante* commandées, celles-ci par le lieutenant de vaisseau de Langle et de la Taille, et d'aller détruire dans la baie d'Hudson les établissements anglais. Malgré de très grandes difficultés, disent les rapports du temps, cette expédition fut conduite par de la Pérouse avec un plein succès.

A côté des figures d'Estaing et de des Touches, se détachent aussi celles de Guichen et de Barras.

Le comte Louis de Barras Saint-Laurent était né en Provence. Ami intime du comte d'Estaing, ce fut lui qui commanda l'avant-garde de la flotte quand elle entra dans le havre de Newport. Il se distingua au siège de Yorktown et au combat livré à l'amiral Hood, à Saint-Christophe, le 25 janvier 1782. Saint-Laurent mourut vice-amiral en 1800.

François-Joseph-Paul de Grasse-Rouville, comte de Grasse, marquis de Tilly, naquit en 1723. Il fit la campagne de Grenade avec d'Estaing et prit une part brillante au siège de Savannah. Fait prisonnier par l'amiral Rodney, le 12 avril 1782, il perdit les faveur du roi, et mourut le 14 janvier 1788. Un historien de la marine française, Guérin, dit en parlant de lui :

" — Excellent et brave capitaine de vaisseau, il était un commandant en chef embarrassant et un amiral prédestiné au malheur [1].

Un de ses neveux, le Gardeur de Tilly, commandant l'*Eveillé*, de 64 canons, et ayant à ses ordres la *Gentille* et la *Surveillante*, capitaines de Villeneuve, Cillard et de la Villebrune, ainsi que le cutter la *Guêpe*, se rendit célèbre par le fait d'armes suivant. Le 9 février il appareillait de Newport pour la baie de la Chesapeake. Il y arrivait le 18 repoussant la flotte d'Arnold dans la rivière Elizabeth, prenait un sloop

---

1 — Le comte de Grasse se maria trois fois. De sa première femme il eut six enfants qui se réfugièrent aux Etats-Unis lors de la révolution française. Une de ses filles vécut à Salem, Massachusetts. Le révérend William Bentley, D. D., pasteur du East Church de cette ville, a fait les entrées suivantes dans son livre :

" 1795. 21 février. On écrit un certificat pour les filles du comte de Grasse, nommées Amélia, Maxima, Rosalia Grasse Gustava-Adélaïde-Maxima Grasse, Mélanine-Véronica-Maxima Grasse, Sylvia-Alexandrina-Maxima Grasse. Elles sont arrivées à Boston, le 7 juillet 1795, venant de France, et depuis cette date elles sont toujours demeurées dans cette ville : d'abord chez les Robertson et dernièrement dans la maison du colonel Pickman, près de son manoir. Elles se sont bien comporté ".

L'aîné des fils, Alexandre-François-Auguste Rouville, comte de Grasse, marquis de Tilly, fut nommé par le gouvernement

chargé de farine, s'emparait du corsaire le *Earl Corn-wallis*, de 16 canons et de 50 hommes, du corsaire la *Revange*, de 12 canons et de 20 hommes, de trois pièces, et d'un autre corsaire de 8 canons et de 25 hommes.   Le 19 il donnait la chasse au *Romulus*, de 44 canons et de 260 hommes, ainsi qu'à un gros brick qui avait à son bord 59 réfugiés de la Virginie.   Il amenait ces deux navires.   Le *Romulus* avait à son bord 10,000 louis sterlings destinés à la solde des troupes d'Arnold.   Le 3 mars, de Tilly rentrait à Newport avec toutes ses prises et son butin aux acclamations de la foule qui le reçut comme un héros.

---

ingénieur de la Géorgie et des Carolines.   Ses sœurs avaient une pension de $10,000 par année, gage de reconnaissance bien mérité donné à une famille dont le chef avait hypothéqué ses propriétés pour lui permettre de donner à Washington l'argent nécessaire pour faire la solde de son armée. — *Introduction au Journal de Gossencourt*, page 23.

La plus jeune des filles, Sylvia, se maria à M. de Pau, et mourut à New-York le 5 janvier 1855, à l'âge de 83 ans, laissant deux fils et cinq filles. — Stone : *Our French Allies*, page 413.

Je me suis étendu un peu au long sur ces détails concernant la famille de l'amiral. Dernièrement, un journal du Nouveau-Brunswick affirmait que l'un des frères du comte de Grasse vint s'établir dans le comté de Gloucester où il mourut. Il y a dans les provinces maritimes du Canada une foule de familles qui portent le encore nom *de Grasse*.

Mais il est inutile de donner à cette courte étude
des dimensions inusitées. Pourtant ce ne sont pas les
sources qui me manquent. Les documents concernant
la guerre de l'Indépendance qui existent au ministère
de la marine en France, forment un total de 133
volumes.

Ils donnent les détails les plus complets sur cet acte
considérable que dans ses beaux travaux sur l'histoire
de la participation de la France à l'établissement des
Etats-Unis d'Amérique, Henri Daniel définit ainsi :

" — Il fut décidé par un roi très ordinaire dans la
chambre de malade d'un vieillard en .qui ses contemporains n'ont vu que des qualités frivoles, sur le rapport d'un ministre de petite naissance, presque obscure,
et devant deux secrétaires d'Etat plutôt assistant qu'appelés pour leur avis. Anomalie apparente mais non la
première de ce genre que l'histoire ait vue se produire ".

Voici en deux mots l'histoire de l'origine des Etats-
Unis.

Nous-mêmes, certains des nôtres n'ont-ils aidé dans
leur tâche ardue les officiers français des armées de
terre et de mer, à cette époque ?

M le major Mallet, notre compatriote américain, vient

de faire une piquante découverte : c'est que beaucoup de Canadiens ont pris part à la guerre d'Indépendance du côté des insurgés.

" — Pendant l'invasion de 1775, dit-il, un régiment canadien fut formé, ayant pour chef le colonel James Livingston. Un second régiment fut aussi recruté au Canada, et le commandement en fut donné au colonel Moses Hazen.

" Quand les Américains évacuèrent le Canada, après la mort de Montgomery, les troupes canadiennes furent dirigées sur New-York, où un grand nombre de réfugiés canadiens et acadiens vinrent grossir leurs rangs.

" Les capitaines et les lieutenants de ces régiments étaient généralement des Canadiens, et les officiers supérieurs, colonels et majors, des Anglo-Américains.

" Parmi les officiers canadiens, citons : 1⁰ Clément Gosselin, de l'Ile-d'Orléans, capitaine et major par brevet, qui fut blessé à Yorktown, la dernière bataille de la guerre " [1].

" 2⁰ Augustin Loiseau, de Chambly (où il exerçait le métier de forgeron). Il combattit dans le régiment d'Ethen Allan, et devint capitaine.

---

[1] — Voir Appendice.

« 3⁰ Jacques Robichaud, capitaine.

« 4⁰ Laurent Olivier, lieutenant.

« 5⁰ François Monty, lieutenant.

« 6⁰ Pierre Boileau, lieutenant.

« 7⁰ Germain Dionne, lieutenant.

« 8⁰ Louis Gosselin, enseigne.

« 9⁰ André Pepin, lieutenant.

« 10⁰ M. l'abbé Louis Charretier de Lotbinière, chapelain.

« 11⁰ Jacques Laflamme, François Mallet, Pierre
Roberge, Michel Lapointe, soldats.

« Tous faisant partie de l'armée de Washington, qui
menait la guerre dans l'Est.

« Nous trouvons maintenant dans l'Ouest le très
révérend Pierre Gibeault, vicaire général de l'évêque
de Québec, qui décida les Canadiens de Vincennes
(Indiana) et de Kankakee (Illinois) à prendre parti
pour les Américains contre les Anglais.

« Nos compatriotes se levèrent en masse, se joignirent à l'armée de la Virginie, commandée par le général
George Rogers Clarke, et firent la conquête de l'Ouest
pour les Américains.

« Si l'on pouvait dire toute la part que les Canadiens

ont prise à la guerre qui a assuré l'indépendance des Etats-Unis, on étonnerait les Américains eux-mêmes.

" Espérons que cette histoire s'écrira un jour ".

Il est temps de quitter la plume, mais avant de la déposer, qu'il me soit permis de rappeler qu'en commençant la rédaction de ces notes, j'ai débuté en parlant de l'*Ingérence* de la France, dans les choses de l'Amérique.

Je me suis trompé ; j'aurais du dire l'*Inhérence* de la France.

Est-ce que le dictionnaire ne désigne pas sous ce mot *inhérence, celui qui se joint inséparablement à son sujet ?* La France n'a-t-elle pas toujours tenu parole à cette définition, depuis les jours de Rochambeau, de la Fayette, de Lauzun, de Chastellux et de tant d'autres ? Oublieuse de son ancienne colonie du Canada, la France n'a-t-elle pas négligé alors " de prendre sur une orgueilleuse rivale une éclatante revanche, et de là, recouvrer son empire colonial perdu pour embrasser une cause qui n'étaient pas la sienne ? Laissant de côté l'intérêt national pour obéir à une opinion publique faussée par des sophismes, la France n'a-t-elle pas renoncé à prendre la défense de ses propres enfants pour aller batailler au nom des grandes idées de liberté, d'indépendance et d'émancipation, en faveur d'hommes qui dans le même temps consacraient l'esclavage et qui à notre époque devaient se battre pour le conserver [1]. N'a-t-elle pas laissé trente mille des siens sur les champs de bataille des Etats-Unis et perdu vingt-cinq navires de guerre pour sauver la cause de l'Indépendance américaine [2] ? Le gouvernement de Louis XVI n'a-t-il pas dépensé 1,400,000 livres pour venir au secours de Washington [1] ?

La France est aux Etats-Unis. Elle y a son plénipotentiaire avoué et sa marine se bat pour eux ; le comte d'Estaing coopère avec leurs troupes, nouant les premiers liens militaires avec l'armée de Washington et rattachant à l'intervention ouverte du roi l'initiative honorable de la Fayette. La France est allée aux

---

1 — *Vide : La Nation Canadienne*, étude historique sur la population française du nord de l'Amérique, par Charles Gailly de Taurines, page 501.

Ce livre est juste pour nous et admirablement écrit.

2 — Conversation du prince de Joinville avec le révérend Elzéar Williams — celui qui passait pour être le fils de Louis XVI. Cette conversation est citée par Stone dans son livre " *Our French Allies* ".

3 — Stone : *Our French Allies*, page 534.

Etats-Unis et y a manifesté dès le premier jour le désintéressement de toute conquête. Cela a été sa politique constante. Elle est allée dans ce pays pour aider à son indépendance, elle ne veut pas repasser l'Atlantique avant que cette indépendance soit acquise et constitue le fondement de la paix générale. L'amitié qu'elle témoigne à ses alliés est réelle ; elle est persuadée de trouver chez eux celle qu'ils lui manifestent : elle ne se préoccupe que de les préserver ".

Plus loin Daniel ajoute que " Washington est la personnification des Américains de la première heure qui ne purent jamais oublier qu'ils nous avaient appelés et qui surent se montrer nos redevables sans rien sacrifier à la dignité de leur pays ". Bancroft, lui, est la personnification du contraire. Cet historien trop vanté s'est plut à donner les thèmes sur lesquels travaille une école américaine, pressée par le vieux sentiment anglais du pays et qu'a particulièrement favorisée la politique dominante à certain moment. Cette école cherche à faire de grands hommes de ceux qui ont trompé la France lors de la signature du traité de l'Indépendance. Ce n'est qu'un procédé de descendants ou de neveux pour

16

rattacher à leur nom un passé qu'ils supposent servir, mais ils ne peuvent célébrer ce passé qu'en incriminant la France.

Ces faits sont incontestables.

Tant de souvenirs communs lient les Américains à la France.

En effet, si les treize colonies américaines se déclarèrent libres et indépendantes le 4 juillet 1776, c'est le 19 octobre 1781 que lord Cornwallis capitula, à York-town, devant deux Français : la Fayette et Rochambeau. C'est à Paris, le 30 novembre 1782, que l'Angleterre dut signer les préliminaires de paix et reconnaître l'Indépendance des Etats-Unis.

Un Américain vient de comprendre, lui, qu'il était tenu à la reconnaissance au nom de ses compatriotes oublieux.

M. Pulitzer, propriétaire et directeur du *World*, un des plus importants journaux des Etats-Unis d'Amérique, vient de faire don à la ville de Paris d'un groupe en bronze haut de quatre mètres, représentant les généraux Washington et la Fayette.

Les deux grands fondateurs de l'indépendance américaine sont debout et se serrent la main. Le général français tient de la main gauche les drapeaux français et américain.

Cette œuvre, une des plus belles du sculpteur Bartholdi, l'auteur du *Lion de Belfort* et de la *Liberté éclairant le monde* la gigantesque statue-phare donnée par la France à l'Amérique, se dressera à Paris, sur la place des Etats-Unis dans la partie du square qui borde la rue Galilée.

Maintenant les Etats-Unis ont-ils toujours bien tenu compte des sacrifices que la France a fait pour eux ?

Du côté de la mère patrie, la position prise est toujours restée inattaquable. Elle a fait l'admiration de ceux qui se souviennent. Pourrait-on en dire autant des Etats-Unis pendant le triste trajet du Calvaire de 1870 ?

Combien de fois en tournant ma pensée vers cette horrible guerre, combien de fois en sentant toute l'oppression du temps présent, n'ai-je pas répété à mes amis les paroles de Lamennais ?

"— Que faire ? A qui s'unir ? A qui s'adresser ? Y a-t-il encore des cœurs qui battent, des hommes qui ne soient pas morts à l'amour de Dieu et à la vérité de l'honneur ? Voyez, cherchez : pour moi je suis prêt :

s'il y a encore des âmes élevées, qu'elles se rapprochent, qu'elles s'entendent, qu'elles se liguent pour sauver au moins l'honneur. Si notre drapeau ne flotte pas au sommet de la société régénérée, il flottera sur les débris du monde ".

En ce temps-là, les Etats-Unis perdirent une belle occasion de se montrer reconnaissants. Quand " ce jamais que la France ne prononce pas encore mais auquel elle pense toujours se dressera tout à coup terrible, mugissant, renversant tout sur son passage pour reprendre possession de l'Alsace et de la Lorraine, peut-être sera-t-il temps pour ceux qui ont contracté des obligations de se souvenir ".

Dieu veuille que nous puissions voir alors les Etats-Unis payer leur dette d'honneur et venir tendre à la France cette main que notre mère patrie n'a jamais refusée aux causes grandes, justes et saintes. Les dévouements de Lauzun, de Chastellux, de tous leurs compagnons de l'armée et de la marine française n'en sont-ils pas une preuve touchante et vraie ?

Qu'on se méfie chez nos voisins de la prédiction que l'historien anglais MacCaulay faisait en 1857 à son ami Henry Rendall, de New-York. Il lui écrivait :

" — Votre destinée, je le crois, est scellée, bien que l'accomplissement en soit retardée par une cause physique. Aussi longtemps que vous aurez une étendue sans limites de terre fertile et inhabitée, votre classe ouvrière sera beaucoup plus à l'aise que celle du Vieux-Monde et tant que durera cet état de choses, la politique de Jefferson pourra se continuer sans causer de fatale catastrophe. Les gages seront aussi bas et fluctueront tout autant chez vous que chez nous. Vous aurez vos cités de Manchester et de Birmingham, et dans ces cités l'ouvrage manquera assurément quelquefois à des centaines de milliers d'artisans. C'est alors que vos institutions seront sérieusement mises à l'épreuve. La détresse générale porte l'ouvrier à la révolte, au mécontentement et le dispose à écouter avidement les agitateurs qui lui disent que c'est une monstrueuse iniquité qu'un homme seul possède des millions pendant qu'il est impossible à quelqu'un de ses semblables de manger à sa faim. Durant les mauvaises années, on entend beaucoup de plaintes ici, et on assiste quelquefois à des émeutes ; mais cela ne tire pas à grande conséquence pour la bonne raison que ceux qui souffrent dans ce pays, n'appartiennent pas à la classe qui gouverne. Le pouvoir suprême est entre les mains d'une classe nombreuse, sans doute, mais d'élite, d'une classe instruite, d'une classe qui est et se sait profondément intéressée à la conservation de la propriété et au maintien de l'ordre. En conséquence, les mécontents sont fermement, mais sans violence tenus en échec. On traverse les temps difficiles sans que le riche soit volé pour retirer l'indigent de la misère. Les sources de la prospérité nationale recommencent vite à couler ; le travail est abondant ; les gages s'élèvent et la tranquillité et la joie renaissent partout. J'ai vu l'Angleterre passer trois ou quatre fois par des crises du genre de celles que j'ai décrites. Les Etats-Unis sont appelés à subir les mêmes épreuves durant le prochain siècle, sinon dans celui-ci. Comment en sortirez-vous ? Je souhaite de tout cœur que ce soit heureusement. Mais sur ce point ma raison et mes désirs sont en complet désaccord, et je ne puis pas m'empêcher de prévoir le pis qui puisse arriver.

" Il est parfaitement clair que votre gouvernement ne sera jamais capable de contenir une majorité affamée et mécontente. Chez nous, la majorité tient les rênes du gouvernement, et les riches qui sont toujours la minorité sont complètement à sa merci. Le jour viendra quand dans l'Etat de New-York, une multitude de gens qui n'auront pas mangé la moitié d'un déjeuner, qui n'espéreront pas de manger la moitié d'un dîner, choisiront une législature. Est-il possible de s'illusionner sur ce que sera cette législature ? D'un côté, nous trouvons un homme d'Etat prêchant la modération, le respect des droits établis, et la stricte observance de la foi publique. De l'autre côté, c'est un démagogue qui fulmine comme la tyrannie des capitalistes et des usuriers, et se demande pourquoi il serait permis à celui-ci de boire le champagne et se promener en carrosse pendant que des milliers de braves gens manquent des choses nécessaires à la vie. Lequel des deux sera choisi par l'ouvrier qui entend ses enfants pleurer pour du pain ? Je crains sérieusement que durant de telles périodes d'adversité, vous n'agissiez de manière à empêcher le retour de la prospérité ; que vous vous conduisiez comme ceux qui durant les années de disette, dévorent tout leur approvisionnement de grains de semences et se préparent la famine complète pour l'année suivante. Il y aura spoliation, je le crains. La spoliation augmentera la détresse. La détresse produira de nouvelles spoliations. Il n'y a rien pour vous arrêter. Votre constitution est une barque qui n'a que des voiles et n'a pas de gouvernail. Comme je l'ai déjà dit, lorsque la société sera engagée dans cette voie descendante, la civilisation et la liberté périront. Un César ou un Napoléon saisira d'un main ferme les rênes du gouvernement ; ou votre république restera aussi affreusement pillée et dévastée par les barbares du vingtième siècle que l'était l'empire romain au cinquième, avec cette différence que les Huns et les Vandales venaient du dehors, pendant que vos Huns et vos Vandales naîtront dans votre propre pays de vos propres institutions ".

Ainsi parle MacCaulay. Oh ! puisse alors le Washington du temps se rappeler ces mots que le grand Washington de la guerre de l'Indépendance écrivait lui aussi à un cultivateur anglais de ses amis. Cette lettre est inédite et vient d'être vendue à Londres.

"—Plus je touche aux choses de l'agriculture, dit le héros américain, plus elles me séduisent. Rien ne me fournit autant de plaisir que cette innocente et utile occupation. En foulant les prés du cultivateur, j'en viens à reconnaître combien il est plus doux de travailler à fertiliser le sol que de récolter la vaine gloire qu'on acquiert en ravageant ce sol par une série de conquêtes et de révoltes. "

Ainsi parlait Washington, et il avait raison.

Seules l'agriculture et la reconnaissance du passé éloigneront des Etats Unis la triste vision qui vint s'offrir un jour aux yeux épouvantés de l'historien MacCaulay.

FIN

APPENDICES

APPENDICE A

Cette flotte se composait ainsi :

VAISSEAUX	CANONS	CAPITAINES
Ville de Paris...	104 ......MM.	de Grasse, lieutenant général major de l'armée.
Auguste..........	80	de Bougainville, chef d'escadre.
Languedoc	80	de Monteil, chef d'escadre.
Sceptre..........	80	de Vaudreuil.
Saint-Esprit.....	80	de Chabert.
César............	74	Coriolis d'Espinouse.
Destin...........	74	Dumaiz de Goimpy.
Victoire	74	Albert Saint-Hyppolite.
Northumberland	74	de Briquenelle.
Palmier..........	74	d'Arros d'Argelos.
Pluton...........	74	d'Albert de Rions.
Marseillais......	74	de Castelane de Mogastre.
Bourgogne.......	74	de Charité.
Réfléchi........	74	Sillart de Surville.
Diadème.........	74	de Montéclerc.
Caton...........	74	de Framont.
Citoyen.........	74	d'Ethy.
Scipion.........	74	de Clavel.
Magnanime.......	74	de Bégue.
Hercule.........	74	de Turpin de Breuil.
Zélé	74	de Gros-Préville.

VAISSEAUX	CANONS	CAPITAINES
Hector	74	Renaud d'Alains.
Glorieux	74	d'Escars.
Souverain	74	de Glandévès.
Vaillant	70	Chev. Bernard de Marigny.
Solitaire	64	de Cicé-Champion.
Triton	64	Breen de Boardes.
Expériment	50	*Prise anglaise.*

ESCADRE DE DESTOUCHES

Cette escadre se composait ainsi d'après le calendrier français imprimé à Newport, en 1782, par la presse de la marine royale française :

État-major

M. Destouches, brigadier des armées navales ; général de Granchain, major chargé du détail général.

Le Neptune, 74 canons

MM. de la Vicomté, capitaine en second du général.
de Beaupoil, lieutenant de vaisseau.
de Chabot,   "
de Kermoël,   "
de Moulins,   "
Bill,   "
le chevalier de Goësbriant, enseigne de vaisseau faisant fonction de sous-aide major de l'escadre.
d'Aigremont, enseigne de vaisseau faisant fonction de sous-aide major de l'escadre.
Berthelot, officier auxilaire.
Bussière,   "
Lemoine,   "
de la Garde,   "
de Ligny, garde de la marine, faisant fonction de sous-aide de camp de l'escadre.

MM. le chevalier de Guérivière, garde la marine, faisant fonction de sous-aide de camp de l'escadre.

de Combette, capitaine commandant le détachement de la Bresse.

le chevalier de Monty, lieutenant.

le chevalier de Coussay, sous-lieutenant.

Le Conquérant, 74 canons

MM de la Grandière, capitaine commandant.

de Cheffontaine, capitaine en second.

Dupuy, lieutenant de vaisseau.

Blessing, "

de la Jonquière, enseigne du vaisseau.

de Kergos, "

de Macarty, "

de Bellegarde, "

de Bruissy, "

Cordier, officier auxilaire.

Deshaies, "

Guesnec, "

Moraslin, "

de Livec, garde de la marine.

de Lourmel, "

de Leivitz, "

de Laubanay, capitaine du détachement de la Sarre.

de Lamotte, lieutenant.

de Layac, sous-lieutenant.

L'Eveillé, 64 canons

MM. le Gardeur de Tilly, capitaine commandant.

le chevalier de Beaunoir, lieutenant de vaisseau.

le chevalier de Maslys, le grand, "

de Camus, enseigne de vaisseau.

Dupont de la Roussière, "

le Gardeur de Tilly, "

du Couëdic, "

de Kerbiquet, "

MM. Costes, officier auxiliaire.
     Fustel de la Ville,   "
     Pottier,   "
     Desperots,   "
     de Valentin, garde de marine.
     de Boquemare, capitaine du détachement de Bourbon.
     de Massilly, lieutenant.

La Provence, 64 canons

MM. Depombord, capitaine commandant.
     de Mesnard, lieutenant de vaisseau.
     Puké,   "
     de Garat, enseigne de vaisseau.
     de Bremoy,   "
     de Watronville,   "
     Perrault, officier auxiliaire.
     Devacher,   "
     de Contrepont,   "
     Quesnet,   "
     de Penfentynio de Kervéreguen, officier auxiliaire.
     Desol de Grisalles,   "
     le Baron d'Erff, capitaine du détachement de Rohan-
       Soubise.
     Guardic, lieutenant.

La Junon, 64 canons

MM. de la Clochetterie, capitaine commandant.
     Douville, lieutenant de vaisseau.
     de Trévoun,   "
     de Boischâteau, enseigne de vaisseau.
     Duvivier de Barnave,   "
     Laroche Kérandraon,   "
     Barterot de la Barrière,   "
     Henin, officier auxiliaire.
     Goyer,   "
     Pignol,   "
     Passart,   "

MM. de la Villeganon, garde-marine.
   de Vernes,   "
   de Millarelle, capitaine du détachement du Colonel-
      Général.
   Besson, lieutenant.

Le Duc de Bourgogne, 80 canons

MM. le chevalier de Médine, capitaine commandant.
   de l'Erondel, lieutenant de vaisseau.
   le comte de Gapellis, lieutenant de vaisseau, faisant
      fonction d'aide-major de l'escadre.
   le chevalier de Roquefeuil, lieutenant de vaisseau, faisant
      fonction d'aide-major de l'escadre.
   de Ferrières, lieutenant de vaisseau, faisant fonction
      d'aide-major de l'escadre.
   Desloges, capitaine de brûlot.
   Saunier, enseigne de vaisseau.
   de Saint-Vincent,   "
   de Visdeloup,   "
   Buisson,   officier auxilaire.
   de Villegrès,   "
   Pinquer,   "
   Douville,   "
   de la Rochebaucourt,   "
   de la Roche Saint-André, "
   Daverton, capitaine du détachement du Colonel Général.
   de Surville, lieutenant en second.
   de Lamotte,   "
   de Tourville,   "

L'Ardent, 64 *canons*

MM. le chevalier Bernard de Marigny, capitaine commandant.
   de Saunay Tromelin, lieutenant de vaisseau.
   de la Tranchade, enseigne de vaisseau.
   le chevalier de Saint-Pern,   "
   de Tourville,   "
   le Groing de la Romagère,   "
   17

MM. le Veneur de Sieurne, enseigne de vaisseau
Dupuit, officier auxiliaire.
Mongon,   "
Bourgeois,   "
Lamoisse,   "
de Chun,   garde-marine.
Le Seige de Villebrune,   "
de la Pinçonnière, capitaine du détachement de Bourbon.
Bonnifaix, sous-lieutenant.

La frégate *La Gentille*, de 30 canons.

MM. de la Villebrune, capitaine de vaisseau commandant.
le chevalier de Buor, lieutenant de vaisseau.
Etienne, officier auxiliaire,
Alliot,   "
de Gouyon,   "
Kerversauce,   "
Buisson,   "

La Surveillante, 32 canons

MM. le chevalier de Villeneuve-Cillard, capitaine de vaisseau
commandant.
Missiassi de Quier, enseigne de vaisseau.
Bonniec, officier auxiliaire.
Tranchant,   "
Thibaut,   "
Seat, garde-marine.
La Saudière,   "
de Rhis, lieutenant au régiment de Rohan-Soubise.

L'Harmonie, 32 canons

MM. de Gatouche, lieutenant de vaisseau commandant.
Duquesne, lieutenant de vaisseau.
Lacroix de Vagnas, enseigne de vaisseau.
Trois officiers auxiliaires.

La Guêpe, de 14 canons

MM. le chevalier de Maulevier, enseigne de vaisseau, commandant.
Gavat, officier auxiliaire.
Le Gloane,   "

La Fantasque, de 24 canons

M. le chevalier de Vaudoré, lieutenant de frégate, commandant.

APPENDICE B

LE CANADA SOUS NAPOLÉON I.

Les documents suivants me sont parvenus trop tard pour être utilisés dans ces notes. Ils sont extraits de la *Revue de la Révolution*.

En les donnant au public, le rédacteur les fait précéder de ces lignes :

—"Cette correspondance du général Turreau, ambassadeur de Napoléon 1er aux Etats-Unis, relate quelques intrigues sur lesquelles les historiens canadiens n'avaient jusqu'ici que peu de renseignements. Toutefois on a conservé en certains endroits de la province de Québec, à l'état de légende populaire en quelque sorte, le souvenir de personnages mystérieux qui pourraient bien se rapporter, en effet, aux agents employés par le général Turreau.

La publication de pareils documents, il y a un demi-siècle, aurait pu présenter quelque danger, et rendre ombrageuse l'administration militaire qui gouvernait alors le pays ; aujourd'hui elle n'offre plus qu'un intérêt purement historique.

Il est généralement connu, et les Anglais eux-mêmes sont forcés d'avouer que les Canadiens conservent un attachement sincère, religieux, inaltérable pour leur ancienne métropole.

Le temps et l'absence totale de toute espèce de relations avec la France n'ont fait qu'irriter ce sentiment, et il est aujourd'hui trop profond pour que le gouvernement britannique puisse espérer de le détruire.

J'étais à peine arrivé à Washington, qu'un Canadien, gros fermier et propriétaire, dont les biens sont situés sur la rontière du Canada et des Etats-Unis, vint me voir et m'entretint des espérances des Canadiens, en m'invitant à faire part au gouvernement français des dispositions de ses concitoyens.

Je répondis qu'il serait nécessaire que j'eusse acquis des notions plus détaillées et plus positives sur le caractère et les moyens de ceux qui se mettraient à la tête du mouvement, avant d'en faire part à mon gouvernement, et de solliciter en leur faveur son adhésion et son appui. Il m'assura, en me quittant, que je recevrais avant peu tous les renseignements que je pouvais désirer. Effectivement, je reçus quelques mois après, de Newark, ville de l'Etat du New-Jersey, une lettre sous la date du 15 septembre 1806, et que je transcris ici, l'original étant entre mes mains :

" Qu'il plaise à Votre Excellence,

" Nous, les envoyés des nations sauvages des Régions du Nord, arrivant en ce moment du Canada, prenons la liberté d'informer Votre Excellence, que ce fut le vingtième jour de la septième lune, que, dans un conseil secret et général des Nations du Nord assistés de leurs frères les Canadiens, il fut résolu de déterrer cette hache meurtrière teinte si souvent du sang de l'Anglais, et ensevelie qu'à la sollicitation de nos pères. Mais pour effectuer ce projet, il fallait obtenir l'appui du Régisseur de l'Univers.

" En conséquence : il fut ordonné d'envoyer par devers les Ministres représentants Sa Majesté Impériale l'Empereur des Français notre père, demander passage au pied du trône de ce même père; et là à ses genoux lui demander et tâcher d'obtenir son appui.

" Voilà le sujet de notre message: choisis dans ce conseil pour les représenter, nous croyons de notre devoir de nous adresser à Votre Excellence, la conjurant au nom de l'humanité de prendre notre cause sous sa considération. Nous osons nous persuader qu'elle le voudra. Un mot de votre part suffira pour nous faire rendre auprès de vous, et vous informer plus au long du sujet de notre message.

" Etant connus dans ce pays, la crainte d'une découverte nous oblige à des précautions. En conséquence, nous avons jugé à propos de nous retirer chez M. Maiçon, à Newark, où Votre Excellence aura la bonté d'adresser la réponse qui doit décider du sort de plus d'un million d'âmes dont le vœu le plus ardent est la prospérité de l'Empire Français ; en attendant laquelle nous faisons gloire de nous souscrire, de Vôtre Excellence, les plus dévoués serviteurs. Signé : J° Perreault et Finlay de Gros Pin."

Suit la réponse non signée :

" On a reçu, Messieurs, votre lettre écrite de Newark, sous la date du 15 de ce mois.

" Les sentiments que vous manifestez inspirent le désir de vous être utile.

" On vous attend avec impatience à Baltimore où vous obtiendrez la conférence que vous demandez avec la personne qui d'après son attachement pour vos commettants, s'empressera de transmettre et de seconder de tous ses moyens vos vœux et vos espérances."

Quelques jours après je reçus une autre lettre écrite de Québec et en anglais, sous la date du 4 octobre 1806, par un nommé Samuel Turner, qu'on m'a dit depuis être capitaine dans la milice canadienne. En voici la copie traduite :

" Monsieur, nous vous envoyons cette lettre pour vous informer de l'occasion heureuse du temps présent, si vous la jugez ainsi dans ce moment ; c'est un bon temps pour assurer la gloire de le nation française par la conquête du Canada et de la Nouvelle-Ecosse. Nous avons concerté tous nos plans, si vous jugez à propos d'accepter nos offres. Nous sommes bien connu de la garnison de Québec ; et nous connaissons toutes les situations, avec tous ses ouvrages intérieurs et extérieurs, ses magasins et ses approvisionnements. Nous connaissons aussi toutes les sondes de la rivière Saint-Laurent, depuis Montréal jusqu'au Golphe, et il y a des hommes parmi nous qui peuvent piloter tout bâtiment avec toute sécurité. Il y en a aussi qui parlent bon français et qui peuvent engager un grand nombre de troupes pour le service français avec votre permission et vos ordres. Nous en avons un nombre suffisant pour former garnison, jusqu'à ce que des secours arrivent de France. Il n'y a point de doute du tout de réussir. Nous avons prié M. Johnson, notre ami, de se charger de cette affaire pour nous et de se rendre près de Votre Excellence, et nous vous prions de le renvoyer le plus promptement possible, parce que le temps actuel est celui de l'entreprendre, si vous le jugez à propos. De la part de votre très obéissant serviteur. Signé : Samuel Turner."

Suit la réponse non signée et en anglais :

" On a reçu le quatre novembre des mains de M. Johnson, une lettre signée Samuel Turner, datée de Québec. On approuve entièrement le projet concerté. Mais avant d'y prendre aucune part, il est nécessaire d'avoir des renseignements positifs sur le caractère, l'existence et l'influence des chefs et sur les moyens qu'ils ont en leur pouvoir. La puissance intéressée applaudira et soutiendra ce glorieux effort, lorsque celui qui est honoré de sa confiance aura pu lui transmettre des données satisfaisantes sur les démarches qui doivent assurer le succès de l'entreprise."

Le 27 du même mois (octobre) je reçus de la députation du Canada la lettre suivante en réponse à celle que je lui avais écrite :

" Qu'il plaise à Votre Excellence,

" Votre Excellence doit sans doute être surprise de n'avoir eu aucune nouvelle de nous d'après la gracieuse réponse qu'elle a daigné faire à notre lettre du 15 septembre dernier.

" Que Votre Excellence juge de notre indignation en apprenant par voye certaine que l'on suspectait fort en Canada le sujet de notre message et que loin de recevoir les moyens pécuniaires suffisans pour pouvoir nous rendre auprès de Votre Ecellence avec décence, nos parens nous conseillent de nous désister de nos poursuites et engagemens, en nous exposant les dangers de notre retour au Canada. Nos amis, les amis de la gloire, approuvent notre détermination, et n'apréhendent aucun obstacle. Le même esprit nous anime ; nous faisons gloire de mourir dans le généreux effort d'obtenir le bonheur de hailer le grand Napoléon pour notre Souverain et le magnanime.... pour notre Libérateur.

" Quoique jeunes, nous savons apprécier le bonheur d'être Français, trop heureux de mériter par notre mort le plus glorieux des titres.

" Les Canadiens sont Français. Le local n'a point dégénéré leur ancien amour patriotique. On les traite comme un peuple conquis. Des parvenus étrangers les tyrannisent. Ces tirans n'évitent le châtiment de leurs péculats et crimes horribles que par une loyauté simulée qu'un vil intérêt leur ferait abjurer bien vite. Ils sont en petit nombre. La masse du peuple souffre et languit. De là les souhaits et désirs d'un changement. Les connaissances politiques de Votre Excellence doivent la convaincre de cette assertion. Nous sommes forcés de nous retirer à New-York. Un seul mot de Votre Excellence adressé à l'un de nous, et laissé à l'office de la poste nous parviendra assurément. Nous réclamons l'humanité des Français. Si jamais une cause mérita d'être appuyée par la justice, c'est celle des Canadiens.

" La juste renommée qui publie les explois de Votre Excellence nous assure de son intérêt et de sa protection auprès de l'Empereur et de la Nation Française.

" Nous attendons impatiemment l'honneur de la réponse de Votre Excellence. Si notre rapport et nos efforts lui peuvent être agréables, nous nous ferons un devoir des plus sacrés de mériter sa considération plus particulière, et les vœux du peuple pour lequel nous vous adressons. Nous avons l'honneur d'être, de Votre Excellence, les plus dévoués et fidèles serviteurs. Signé J. Perrault et Finlay de Gros Pin, officiers Canadiens ".

On répondit de Washington le 5 novembre par la lettre qui suit :

" La personne à qui vous avez écrit de New-York le 27
" octobre dernier, s'en réfère à sa réponse précédente et vous
" attend ici pour conférer avec vous."

Les officiers Canadiens ne m'ayant point donné leur adresse à New-York, je les fis chercher secrètement dans cette ville ; l'on m'apprit qu'ils étaient retournés dans le Canada et n'avaient été que cinq ou six jours à New-York !

Les années 1807 et 1808 se passèrent sans que je reçusse aucune lettre du Canada. Les seules informations que j'acquis indirectement me confirmèrent cependant dans l'opinion que les Canadiens étaient toujours les mêmes, haïssaient mortellement les Anglais, et soupiraient après la domination française.

TURREAU.

Au commencement de 1809, je reçus une lettre du général de division Saint-Hilaire qui m'informait que son cousin le chevalier le Blond de Saint-Hilaire repassait aux Etats-Unis où il était marié. Le général, à titre de camarade, provoquait mon intérêt en faveur de son cousin et me priait de lui avancer jusqu'à la somme de huit mille francs s'il avait besoin d'argent. Le général était déjà mort, lorsque sa lettre me parvint ; à peine le chevalier de Saint-Hilaire était-il arrivé qu'il m'écrivit, m'adressa la lettre de son cousin et me demanda de l'argent que je lui envoyai. Il me marquait qu'ayant des amis et même des parents de sa femme (née Américaine) dans le Canada, il se proposait d'y faire un voyage ; qu'il en profiterait, si je l'approuvais pour y organiser un plan d'insurrection, etc. Comme je n'ai point retrouvé cette lettre ni la réponse, je présume qu'elles sont restées dans les archives de la Légation ou dans celles du Consulat de Baltimore où j'ai déposé toutes les pièces justificatives de mes dépenses secrètes.

Quoi qu'il en soit, j'approuvai le projet de M. de Saint-Hilaire qui fit le voyage projeté et qui, à son retour, m'écrivit la lettre suivante :

Utica, Oneïda County, mars 24–1810.

« Général, je suis arrivé hier le 24 de ce mois du Canada. J'ai lieu de croire que vous serez satisfait de mes travaux ; mais les fonds m'ont manqué. J'espère avoir l'honneur de vous voir dans deux ou trois semaines. En attendant les fonds que j'ai demandés à M. Félix, je vais mettre tous mes papiers et desseins en ordre. J'ai l'honneur d'être avec le plus profond respect, votre très humble et très obéissant serviteur, Signé : le Blond de Saint-Hilaire. "

Au mois de mai suivant : le Gouverneur du Canada fit arrêter trois ou quatre personnes dans les environs de Montréal et mit à prix la tête d'un habitant du pays, nommé Caseaux que le rapport de nom fit soupçonner être le vice-consul de Sa Majesté à Portsmouth. Le motif ou le prétexte de cette mesure fut la découverte d'une prétendue conspiration, à laquelle cependant on ne donnait pas une grande importance puisque les détenus furent relâchés quelques jours après, et qu'on n'en parla plus dans le journal de Québec, que je voyais alors.

Cependant, j'étais inquiet du chevalier de Saint-Hilaire qui n'arrivait point et ne m'écrivait plus ; lorsqu'au commencement de décembre il vint chez moi à Washington, me rendre compte de sa mission en Canada, mais n'ayant avec lui ni plans, ni papiers.

Je lui observai que le faux mouvement qu'il y avait eu dans le Canada, pouvait nuire à l'effet et peut-être même empêcher l'explosion générale, lorsqu'il serait nécessaire de l'exciter. Qu'il entrait dans mes vues comme dans les instructions que je lui avais données, de tout préparer pour une insurrection, mais non pas de l'effectuer avant que le Gouvernement Français eut pris un parti et fut déterminé à le soutenir, etc.

Le chevalier de Saint-Hilaire me répondit que l'indiscrétion d'un agent avait été la cause de la mesure prise par le Gouverneur du Canada ; qu'au surplus tout était apaisé et que le gouverneur était sans inquiétude, etc.

" Une expédition contre le Canada poursuivit le chevalier de Saint-Hilaire, n'est pour la France qu'une prise de possession. Tous les cœurs et tous les bras non seulement des habitants du Canada, mais encore des sauvages qui les environnent sont dévoués à l'Empereur. Les Anglais sont si bien convaincus de cette disposition que si le Pavillon Français paraissait à l'embouchnre de la rivière de Saint-Laurent, les troupes dispersées en petit nombre, se retireraient immédiatement à Québec et à Halifax, et l'on deviendrait maitre du bas-Canada, peut-être sans brûler une amorce, etc., etc. Les ordres, m'a-t-il assuré, ont été donnés pour ne tenter aucune résistance dans la plaine, etc., etc."

Le chevalier de Saint-Hilaire me promit en me quittant de retourner en Canada, de se contenter d'y entretenir les liaisons et de n'agir que quand je lui en aurais donné l'ordre et tracé la marche qu'il devait suivre. Un mois après cette entrevue, Mme de Saint-Hilaire m'écrivit que son mari était mort.

Les rapports que j'ai obtenus sur le Canada durant mon séjour aux Etats-Unis et même par des personnes désintéressées, s'accordent tous sur l'impatience que témoignent les habitants de se soustraire au joug de l'Angleterre.

Telles sont les informations que j'ai reçues relativement au Canada et conséquemment le peu de notions que j'ai acquises. Mais elles ont suffi pour faire naître et même fortifier chez moi l'opinion qu'il n'y a point d'expédition d'outre-Mer qui présente au Gouvernement Français plus de chances favorables que celle du Canada, et dont les suites ou les conséquences puissent avoir un effet plus sensible et plus étendu sur le commerce et même sur la puissance Britannique dans l'autre continent.

"Je m'explique : si le Gouvernement Français veut un point d'appui dans le Nouveau-Monde, je pense que dans les circonstances actuelles il ne peut l'obtenir que par une possession continentale. Toute possession insulaire serait nécessairement dangereuse et précaire. Or, la possession du Canada serait d'autant plus assurée que sa préservation reposerait sur l'affection générale des habitants, et que les dépenses qu'exigerait sa conquête seraient immensement compensées par les avantages d'une pareille acquisition.

Quiconque connait l'Amérique du Nord, conviendra sans peine qu'un débarquement de troupes françaises opéré sur l'une des rives du fleuve Saint-Laurent, et il est impossible de l'empêcher autrement que par des moyens maritimes, produira un effet électrique non seulement sur les Canadiens, mais sur les tribus de sauvages qui environnent cette vaste contrée ; effet qui se prolongera sur toutes les tribus de l'Ouest. J'ai vu, j'ai entendu quelques sauvages, et ces sauvages étaient des chefs, de cette dernière contrée, et j'ai pu juger de leurs sentimens à l'égard de la France et surtout à l'égard de Sa Majesté dont le nom et la gloire ont fait naître un enthousiasme extraordinaire chez ces hommes de la nature. Je n'hazarderai rien en ajoutant que tous ceux qui ont approché des sauvages partagent nécessairement mon opinion.

La ruine entière du commerce des pelleteries et peut-être celle de la pêche au banc de Terre-Neuve, sont les moindres coups que cette expédition doit porter à la puissance mercantile des Anglais. Un pareil événement opérerait une nouvelle secousse dans les colonies continentales Espagnoles de cette partie de l'Amérique ; je veux dire, dans les deux Mexiques où les Anglais n'ont acquis quelque influence commerciale et politique qu'à la faveur des circonstances du moment, dans les deux Mexiques où tous les préjugés sont contre l'Angleterre et même contre ses marchandises, etc., dans les deux Mexiques où l'on a déjà contracté, ainsi que dans toutes les possessions Espagnoles de l'autre continent, une dette considérable envers les Anglais, en raison de l'énorme quantité de marchandises qu'ils ont jetés dans ces nouveaux débouchés depuis qu'ils sont privés du commerce de l'Europe continentale.

Le seul obstacle qu'il y ait à craindre dans une expédition contre le Canada, est l'opposition secrète qu'y pourrait mettre le Gouvernement Américain ou plutôt les peuplades qui le dirigent. Les habitants des Etats-Unis haïssent mortellement les Canadiens qui le leur rendent bien. Il est peut-être sans exemple que deux peuples aussi voisins et dont les habitudes et les mœurs devraient avoir tant de rapports, ayent une aversion aussi prononcée l'un pour l'autre. C'est que précisément les habitudes, les mœurs, les préjugés et le caractère des Américains et des Canadiens n'ont aucune espèce d'analogie. L'influence du climat même est tellement neutralisée dans ce pays que les habitants des Etats du Nord sont peut-être ceux de toute l'Union qui ont la haine la plus profonde pour les Canadiens. Et le sentiment qui domine chez les Canadiens est un souverain mépris pour les habitants de la Nouvelle-Angleterre.

J'aurais pu m'étendre et justifier mon opinion à ce sujet d'après les notions qu'un séjour de près de huit ans parmi les Américains a dû me donner sur leur caractère. Mais ce développement m'entraînerait à des détails sur une expédition qui peut être le secret du gouvernement et sur laquelle il serait au moins déplacé de donner mes idées, s'il ne les provoque pas. Mais je dois dire que si bien que soit concerté le plan de la conquête du Canada, son exécution éprouvera beaucoup d'obstacles d'autant plus dangereux qu'ils seront inaperçus, si l'on ne parvient pas par des mesures politiques et préalables à neutraliser entièrement l'opposition ou la coopération du peuple et du gouvernement Américain.

Turreau.

APPENDICE C

LE COMMANDANT GOSSELIN

Parmi les Canadiens qui ont joué un rôle important dans la guerre de l'Indépendance Américaine, le major Clément Gosselin fut, de son temps, l'un des plus distingués.

Clément Gosselin était le fils de Gabriel Gosselin et de Geneviève Crépeau. Il naquit à Sainte-Famille, Ile-d'Orléans, province de Québec, le 12 juin 1747. Il paraît avoir appartenu à une famille considérable et distinguée, qui compte encore un grand nombre de membres dans le district de Québec. En 1770 il épousa à Sainte-Anne de la Pocatière, Marie-Beuve Dionne, fille de Germain Dionne et de Marie-Louise Bernier. D'après un extrait du registre des baptêmes, mariages et sépultures, de la paroisse de Saint-Hyacinthe, sur la rivière Yamaska, en date du 12 mai 1791, maintenant en ma possession, il appert que devenu veuf il aurait aussi épousé Charlotte Monilmette. En 1791, il se maria avec Catherine Monty, dont il eut une fille nommée Marie-Geneviève, qui fut baptisée le 20 septembre 1804, par M. Bélaire, prêtre et curé de St-Luc. Cette enfant est la seule qu'il m'ait été possible de retrouver dans la filiation de ses descendants.

Lorsque les *Bastonais* envahirent le Canada en 1775, avec l'intention d'arracher ce pays au pouvoir de l'Angleterre, et d'enrôler le peuple dans le mouvement révolutionnaire qui trouva plus tard sa sublime expression dans la déclaration de l'Indépendance, un nombre considérable de Canadiens secouèrent le joug de leur allégeance à la Couronne Britannique et se rangèrent sous l'Etendard Américain. Parmi ceux qui offrirent leurs services au général Montgomery se trouva Gosselin, qui eut bientôt une occasion de témoigner de son dévouement à la cause américaine sur le champ de bataille. Cette circonstance se présenta à la Rivière-du-Sud, lorsque le seigneur de Beaujeu, qui volait au secours de Québec avec un fort détachement de Canadiens, fut entièrement mis en déroute par une bande de soldats américains et un corps de volontaires canadiens. Gosselin fut fait prisonnier à cette bataille et incarcéré à Québec jusqu'au printemps de 1778, époque à laquelle il fut remis en liberté. Il se dirigea à travers les bois en montant le long de la rivière Connecticut avec un de ses frères aînés, Louis Gosselin, et son beau-père Germain Dionne, prit un guide indien et réjoignit l'armée de Washington à *White Plains* près de New-York. Gosselin fut fait capitaine d'une compagnie dans le régiment canadien de Hazen. Il y déploya beaucoup de valeur pour son honneur personnel et pour la cause américaine jusqu'à la fin de la guerre. Le général Washington ayant entendu parler de sa bravoure et de son intrépédité, aussi bien que de son dévouement aux principes de la révolution, le chargea de remplir plusieurs importantes missions au Canada. C'est ainsi qu'en 1780 il traversa tout le Canada, y pénétrant par la route du lac Champlain et de la rivière Richelieu et s'en retournant à travers les régions inhabitées du Maine.

A la bataille de Yorktown, le général marquis de la Fayette commandait une des ailes de l'armée américaine, et dans ses ordres généraux, il fit l'éloge du sang-froid et de la bravoure déployés par le régiment canadien de Hazen pendant cet héroïque combat. Ce petit bataillon de braves en était réduit à 250 hommes. Pendant le combat, le capitaine Gosselin, qui était encore à la tête de sa compagnie, fut grièvement blessé. Lors du licenciement de l'armée, en juin 1783, son intrépidité et ses services signalés lui valurent le grade de major et il fut honorablement congédié.

Il ne m'a pas été possible de retrouver le texte du congé définitif du major Gosselin ; mais j'ai eu la bonne fortune de trouver celui de l'un de ses soldats, que je reproduis ici, à cause de la valeur historique qui en fait un document précieux.

Les passages écrits en lettres romaines indiquent la partie mprimée de l'original, les *italiques* représentent les mots écrits à la plume :

—" Par Son Excellence George Washington, écuyer, général et commandant en chef des forces des Etats-Unis d'Amérique.

Nous certifions par les présentes que le porteur d'icelles, *le sergent Louis Marney, des Etats-Unis d'Amérique, appartenant au régiment du général Hazen*, ayant fidèlement servi les Etats-Unis *pendant six ans et sept mois*, et n'ayant été enrôlé que pour la guerre, seulement, reçoit par les présentes son congé définitif de l'armée américaine.

Donné au quartier général, le 30 juin 1783.

Geo. Washington.

Par ordre de Son Excellence,

I. Trumbull, Ind. Dp.

Enregistré dans les livres du Régiment.
Benjamin Mooers, adjudant.

Le susdit *Louis Marney, sergent,* a été décoré de l'Insigne du Mérite pour six ans de service fidèle.

Mozes Hazen, Brig. Genl.

[Le revers.]

Quartier général, 30 juin 1783.

Le porteur ne pourra se prévaloir du certificat ci-inclus qu'après la ratification du Traité de Paix défini ; jusqu'à cette époque, et tant que la proclamation du dit Traité n'aura pas été émanée, il sera considéré comme n'ayant obtenu qu'un permis d'absence.

George Washington."

Après la guerre, le major Gosselin, comme des centaines de soldats canadiens, reçut des certificats de prime d'engagement, lui donnant droit à certains terrains situés dans les environs du lac Champlain. En 1789, il vendit 1,000 acres dans le *Champlain Town* à Jacques Rouse.

Le sergent Marney vendit sa terre à l'adjudant Benjamin Mooers, l'année suivante, pour la somme de cent cinquante dollars.

En 1791, le major Gosselin épousa Marie-Catherine Monty, fille de François Monty, qui avait été officier dans le premier régiment canadien de Levingston. Le mariage eut lieu le 8 novembre à Chazy, N.Y., devant James-Murdock McPherson, juge de paix, autrefois lieutenant dans le régiment de Hazen. Quoique le congrès eut nommé un chapelain canadien, le révérend François-Louis Chartier de Lotbinière, Récollet, pour les troupes canadiennes, le chapelain ne paraît pas avoir suivi l'armée, et les intérêts spirituels de nos Canadiens furent tristement négligés. Un très vieux prêtre du nom de Francis Valley (François Vallée, s'il était Canadien) visita le régiment de Hazen sur la rivière Hudson avant l'appel des troupes, et administra les sacrements à quelques-uns des soldats et à leurs familles réfugiées ; mais lorsqu'ils se furent établis sur leurs terres ils furent entièrement privés des secours de la religion.

Comme un bon Canadien, le major Gosselin voulut faire bénir son mariage par l'Eglise et conséquemment, il se mit en route pour St-Hyacinthe, le printemps suivant. Le révérend J.B. Durouvray, autrefois de l'Ile-d'Orléans, valida son mariage le 12 mai 1791, sur présentation d'une dispense obtenue le 5 avril précédent.

Cependant, il ne demeura pas au Canada, à cause de sa conduite passée qui lui avait attiré, à cette époque, les qualificatifs injurieux de "rebelle" et d' "espion". Il retourna à la vallée du lac Champlain, et mourut en 1816.

Edmond Mallet.

Washington, D. C., 10 juin 1888.

TABLE DES MATIÈRES

	PAGES.
DÉDICACE	3
DUC DE LAUZUN	5
II.—Lauzun devient duc de Biron	30
III.—Mort du duc de Biron et du général de Custine.	37

LE CHEVALIER DE CHASTELLUX.

I.—Le chevalier de Chastellux chez le général Washington	45
II.—Les invasions projetées du Canada	67
III.—Voyages, anecdotes, observations	124
IV.—Etudes d'économie politique, questions sociales, Chastellux homme de lettres	154

ARMÉE ET MARINE FRANÇAISE :

I.—Armée et marine française au temps de Washington Sabre et guillotine	169
II.—Les premières années de la cause américaine.— Une partie du livre d'or de la marine française. —Se rappellera-t-on ?	203

APPENDICES

(A).—Flotte de l'amiral de Grasse	255
(B).—Le Canada sous Napoléon Ier	262
(C).—Le commandant Gosselin	272
OUVRAGES ET JOURNAUX CONSULTÉS	281

OUVRAGES ET JOURNAUX CONSULTÉS

La grande Encyclopédie de Larousse.

L'Intermédiaire des Chercheurs et des Curieux, fondé en 1864.

Mémoires du duc de Lauzun, seconde édition ; Paris, chez Barrois l'aîné, libraire, 1822.

Voyages de M. le marquis de Chastellux dans l'Amérique septentrionale, dans les années 1780, 1781 et 1782, seconde édition, 2 volumes, Paris, chez Prault, imprimeur du roi, quai des Augustins, à l'Immortalité, 1791.

Histoire de la marine française, par Guérin.

Le Journal de Gossencourt.

Mémoires de l'amiral Truguet.

Mémoires du comte de Ségur, collection Barrière.

Rhode Island and the Revolution.

La nation canadienne ; étude historique sur la population française du nord de l'Amérique, par Charles Gailly de Taurines.

Histoire de la Participation de la France à l'Établissement des États-Unis d'Amérique ; correspondance diplomatique et documents, par Henri Daniol, correspondant de l'Institut. Paris, Imprimerie nationale, MDCCCLXXXVI ; cinq volumes in-folio.

Correspondance du comte de Rochambeau jusqu'à la fin de la campagne de Virginie, publiée pour la première fois par Henri Daniol, Paris.

Revue des autographes, de Gabriel Charavay ; Paris.

Literature and Critical History of America, edited by Justin
Windsor, librarian of Harvard University, Boston, New
York ; Houghton, Mifflin and Co., the Riverside Press,
Cambridge.

Le Tribunal révolutionnaire de Paris. Ouvrage composé
d'après les documents originaux conservés aux archives
de l'Empire, suivi de la liste complète des personnes qui
ont comparu devant le tribunal, par Emile Campardon,
archiviste, Paris.

Mémoires du comte de Broglie.

Magazine of American History ; Vide : Articles de Miss I.
Lamb et de M. George McLaughlin, de Cincinnati.

Nooks and Corners of the New England coast, by S. A. Drake,
New York.

Les hommes de guerre, par Benjamin Pifteau. Paris, Delorne,
libraire éditeur.

La Guillotine pendant la Révolution, par M. G. Lenôtre.

Les Tablettes des Deux-Charentes.

Histoire de France, par deux amis de la Liberté ; Paris, chez
Bidault, 1792.

Mémoires de l'abbé Carrichon sur la révolution française.

Mémoires de Berryer.

Histoire du Canada, par Garneau.

Les Mandements des évêques de Québec, par Mgr Têtu.

Brymner et Marmette — *Archives du Canada* ; année 1892.

Guide français de la Nouvelle-Angleterre. 1887.

Correspondance de Lamennais.

*Complot d'Arnold et de Sir Henry Clinton contre les Etats-
Unis d'Amérique et contre le général Washington,* sep-
tembre 1780 ; orné de deux portraits et d'une carte
Paris, chez Didot l'ainé, 1826.

Gazette de France, du temps.

Le Calendrier français publié à Newport, en 1781, par la presse de la flotte et de la marine royale de France.

Le Courrier des Etats-Unis.

Histoire de la Marine française pendant la Guerre de l'Indépendance, par E. Chevalier, capitaine de vaisseau. Paris, Hachette, 1877.

Derniers souvenirs d'un musicien, par Adolphe Adam. Paris, Michel Levy, 1871.

Le Mémorial de Sainte-Hélène, par Las Cases.

Un pèlerinage au pays d'Evangéline, par l'abbé Casgrain.

Lettres de l'abbé Bailly.

Les lois du Massachusetts.

Nouveau voyage dans l'Amérique Septentrionale en l'année 1781, et Campagne de l'armée de M. le comte de Rochambeau, par l'abbé Robin, Paris, 1782.

Un charentais d'adoption, par Léonce Grossillier.

Essai de bibliographie canadienne, par Philéas Gagnon, Québec, 1895.

La Revue de la Révolution. Paris.

OUVRAGES PAR LE MÊME AUTEUR [1]

A la Brunante.—Contes et récits.— *Les blessures de la vie.*—Une histoire de tous les jours. (épuisé) 1 volume

***De Québec à Mexico.*—Souvenirs de voyages, de garnisons. de combats et de bivouacs. Edition complète (épuisé)...................................... 2 volumes

Choses et autres—Conférences, études, fragments 1 volume

***De Tribord à Babord,* trois croisières dans le golfe Saint-Laurent, (épuisé)...................... 1 volume

Cours de Tactique, (épuisé) .... 1 volume

L'Ennemi! l'ennemi! étude sur l'organisation militaire du Cana la (épuisé)...................... 1 volume

***Deux ans au Mexique,* avec une notice par M. Coquille, rédacteur du Journal le *Monde* de Paris, 7e édition.................................... 1 volume

***Les Iles.*—Promenades dans le Golfe Saint-Laurent, 7e édition illustrée, avec préface de M. Marmier, de l'Académie française................. 1 volume

***La Gaspésie.*—Promenade dans le Golfe Saint-Laurent, 7o édition, illustrée................. 1 volume

**En route.*—Sept jours dans les provinces maritimes (épuisé).. 1 volume

***A la veillée,* contes et récits .... 1 volume

---

1—Les ouvrages marqués * ont été couronnés à l'Exposition internationale de Géographie de Vénise ; ceux qui sont marqués ** ont été désignés par le ministre de l'Instruction publique pour être donnés en prime dans les écoles de la province de Québec ; enfin ceux marqués *** ont été désignés par l'amiral Peyron, alors ministre de la marine de France, pour faire partie de la bibliothèque de certains navires de guerre français.

19

****Joies et Tristesses de la Mer* .... 1 volume

****Le Canada et les Canadiens-français*, pendant la guerre franco-prussienne, (épuisé). .... 1 volume

***Loin du pays*, souvenirs d'Europe, d'Afrique et d'Amérique, (épuisé) .... 2 volumes

L'abbé Laverdière.—Etude biographique avec portrait.. 1 volume

Relation de ce qui s'est passé lors des fouilles faites par ordre du gouvernement dans une partie des fondations du collège des Jésuites de Québec, précédés de certaines observations accompagnées d'un plan par le capitaine Deville et d'une gravure (épuisé) .... 1 volume

La Province de Québec et le Canada au troisième Congrès international de Géographie à Vénise, (épuisé) .... 1 volume

****Notice sur Jean Vauquelin*, de Dieppe, lieutenant de vaisseau (1727-1764)............. .... 1 volume

Les Canadiens-français aux Etats-Unis.—Séance de l'Assemblée législative de Québec, du 28 mars 1883, (épuisé)........ .... 1 volume

Notes pour servir à la construction du chemin de fer projeté le " Québec Oriental" .... 1 volume

***Notes pour servir à l'histoire de l'empereur Maximilien du Mexique, avec portrait, (épuisé)*...... 1 volume

Procédures parlementaires: recueil des décisions des présidents de l'Assemblée législative de Québec.. 1 volume

***La question du jour*—Resterons-nous Français ? (épuisé)... 1 volume

***Honni soit qui mal y pense :* étude sur l'anglo-saxon et le franc-normand (épuisé) .... 1 volume

**Les Iles de Jersey et la question du Manitoba, (épuisé)... 1 volume

Notes pour servir à l'histoire de la marine et de la guerre de l'Indépendance Américaine........... 1 volume

L'amiral Byng, devant ses juges et devant l'histoire. 1 volume

La province de Québec à l'Exposition Internationale de géographie, tenue à Vénise en 1881.... 1 volume

Chants et plaintes du matelot...... .... 1 volume

EN PRÉPARATION

Hommes de guerre et gens de lettres................... 1 volume

Vers le passé.............. .... 1 volume

Terreneuve et le Labrador, souvenirs de voyages... 1 volume

Québec :—Imprimerie L.-J. DEMERS & FRÈRE, rue de la Fabrique.

www.ingramcontent.com/pod-product-compliance
Lightning Source LLC
Chambersburg PA
CBHW061448060726
47597CB00002B/516